「地域×大学生」が未来をひらく

実践！まちづくく

～コミュニティを幸せにする、デザ

地域と大学生が連携して問題解決に挑む「学生参加型まちづくり」の最前線──。
いま注目される「新しいカタチ」の地域活性化を実践する事例研究を通じて、
コミュニティを豊かにデザインして、住民たちが幸せになるまちづくりのあり方を考える。
若い力との連携が、まちの未来を変えるカギになる！

CONTENTS

【巻頭言 TOP INTERVIEW】地方創生のカタチづくりに挑む！ 拓殖大学 国際学部国際学科 徳永達己教授 04

3人の達人が教える！ 実践！まちづくり「はじめの一歩」思考法 10

すべては人づくり「新しいカンケイ」をつくる挑戦。 14

Chapter 1 課題解決へのヒントが、ここにある。
【大学生×まちづくり実践研究】

山梨県 富士川町
山梨と八王子 地域をつなげる プロジェクトYターン！戦略
学生参加型「まちづくりDIY」の挑戦！ 16
失敗から学んだ地域との関係性「現場主義」と「本音対話」の教訓。 20
「郷土料理みみ」新レシピはこうして生まれた。 24
ダイヤモンド富士と「郷土料理みみ」で初めてのクラウドファンディング作戦。 28

山梨県 甲府市
山梨県立大学 佐藤文昭特任教授
フューチャーセンターで「新しい価値創造」を始めましょう。 32
山梨県立大学 国際政策学部国際コミュニケーション学科 杉山歩准教授
アートとテクノロジーの融合で埋もれた地域資源がよみがえる。 36

山梨県 南アルプス市
山梨県立大学 国際政策学部国際コミュニケーション学科 兼清慎一准教授
市民たちの事業化プロジェクト里山ツーリズムをやってみよう。 38

山梨県 甲府市帯那
拓殖大学 商学部 デイビット・プルーカ准教授
グリーンビジネスを考える里山の農業体験プロジェクト。 40
公益財団法人 やまなし産業支援機構 末木淳さん
もっと知ってもらいたい！「帯那ネットワーク構想」とは。 44

【スーパー公務員が語る①】
長野県 塩尻市 金子春雄さん
ICT先進都市「センサー通信網」で行政イノベーションを目指す。 46

【スーパー公務員が語る②】
岩手県 釜石市 石井重成さん
自分でふるさとをつくる——これからは哲学の時代です。 48

宮城県 南三陸町×ラオス
フェアトレードでつなげる「ミッタパープ」の地域支援活動。 52

長野県 下條村
「道役」という奉仕活動を受け継ぐ住民参加型の地域力。 54

Chapter 2

持続可能な社会のために、できることがある。

【大学生×デザイン実践研究】

未来へつなげよう コミュニティを幸せにする、デザインの哲学。

徳永達己さん
とくなが・たつみ

1961年神奈川県生まれ。専門はインフラ開発、都市計画。アフリカなどの開発途上国で数多くの開発プロジェクトに参画。2015年より現職。近年は、途上国の経験を活かした山梨県南巨摩郡富士川町などで地方創生および学生参加によるまちづくり活動の取り組みを研究・実践している。

巻頭言 TOP INTERVIEW

拓殖大学　国際学部国際学科　徳永達己教授

地方創生のカタチづくりに挑む！

政府の地方創生がスタートして約５年がたちました。
地域や地方の課題はそれによって改善しているのでしょうか？
残念ながら実態は決してそうではないようです。
むしろ逆に、地域によっては取り組みに温度差が生じて、
生き残りをかけた「自治体競争」が激化しているとの指摘もあります。
本書は「地域連携」という仕組みを活用した学生たちのまちづくり活動に
挑戦する事例を通じて「これからのまちづくり」のあり方を展望するものです。
地域と大学生がつながりながら、まちに化学反応を生み出す活動とは
どんなものなのか。まちを変えるのに必要な仕掛けとは何か。
いま注目の学生参加型のまちづくりの活動を実践する拓殖大学国際学部の徳永達己教授に、
まちづくりの課題と改善のための方法論を解説していただきました。

撮影・有田帆大

“実践できるビジネスモデルとは何か「事例の構築と評価指標の設定を研究しています」”

東京一極集中が最大の問題 相互往来を高める関係性

私は、これまで開発コンサルタントとしてアフリカなど途上国において、さまざまな開発プロジェクトに参画してきました。大学に着任後は、その経験を活《い》かし、学生たちとともに地方創生やまちづくり活動を通じて実践研究をしています。

いまの地方創生で何が一番の問題か——。それは地方から都会へ、特に東京の一極集中が最大の問題だと考えています。

江戸時代末期の日本の全人口は約３０００万人、江戸の町の人口は約１００万人といわれていますが、１５０年の時を経て東京の人口は実に12倍にも膨張しています。この異様に膨らんだ東京の人口を地方へ振り分けること、首都機能を分散し地方に拠点都市をつくり、交通ネットワークを再構築することなどが、大局的には重要です。

しかしながら、こうした変革への機運が盛り上がっていないのが地方の実態だといえます。

そこで、私が実践し、いま注目しているのが東京から地方への「関係人口」と呼ばれる層の相互往来を高める活動です。「観光客以上定住者未満」ともいわれ、都会に住みながら地方で働く、東京の人たちに地方への関心を持たせ、国内の流動化現象を起こさせるのが狙いです。まずはそこの動きを高めながら地方の活気付けを図り、徐々に国民運動的な流れへと移行させていくのがよいのではないかと思っています。

もう一つの問題は、地方創生のビジネスモデルがないこと。これにより、地方では何から着手してよいのか分からず、混乱が生じています。現場において実践、再現できるモデルを構築し、正しい評価指標と併せて関係者へ具体的事例を示すこと、それが私の着目する研究テーマです。

そして地方創生に関わる若者が「まちづくりの最前線」に少ないことも大いなる問題です。若者は地方創生で最も重要な年齢層です。そこで私は特に大学生の存在に注目し、地方創生に参加するための「仕組み」と「仕掛け」を構築していくことが重要だと思っています。

革新的なテクノロジーの活用で 地方は、新たな挑戦の舞台になります

本書は私の研究室と、学部の枠を超えて協働してプロジェクトを立ち上げてきた工学部デザイン学科の永見豊研究室、工藤芳彰研究室らのそれぞれの事例研究を中心にまとめたものです。

大学内では、これまでもほかの研究室やゼミ単位でさまざまなまちづくりの活動を実践してきました。こうした活動を大学組織で支援するため、２０１８年度に新設されたのが地域連携センターです。これにより、大学は学生と地域のつながりをサポートすることにさらなる力を入れています。このタイミングで私たちの実践事例を読者に公開することは意義のあることだと考えたのが、今回の出版の動機付けです。まちづくりに関わる人たちに「実践のヒント」となる事例が本書の企画の

【拓殖大学の挑戦】

国際開発やアジア研究の先駆的存在である拓殖大学は、学生を積極的に国内外の地域に派遣して「グローバルな視点から地域に貢献する活動」に取り組んでいます。近年は、地方創生の流れも受けて、国内の地方で研究・教育活動を展開するなど地方自治体や経済団体とも連携を深めています。

▼「学生参加型まちづくり」のイメージ図

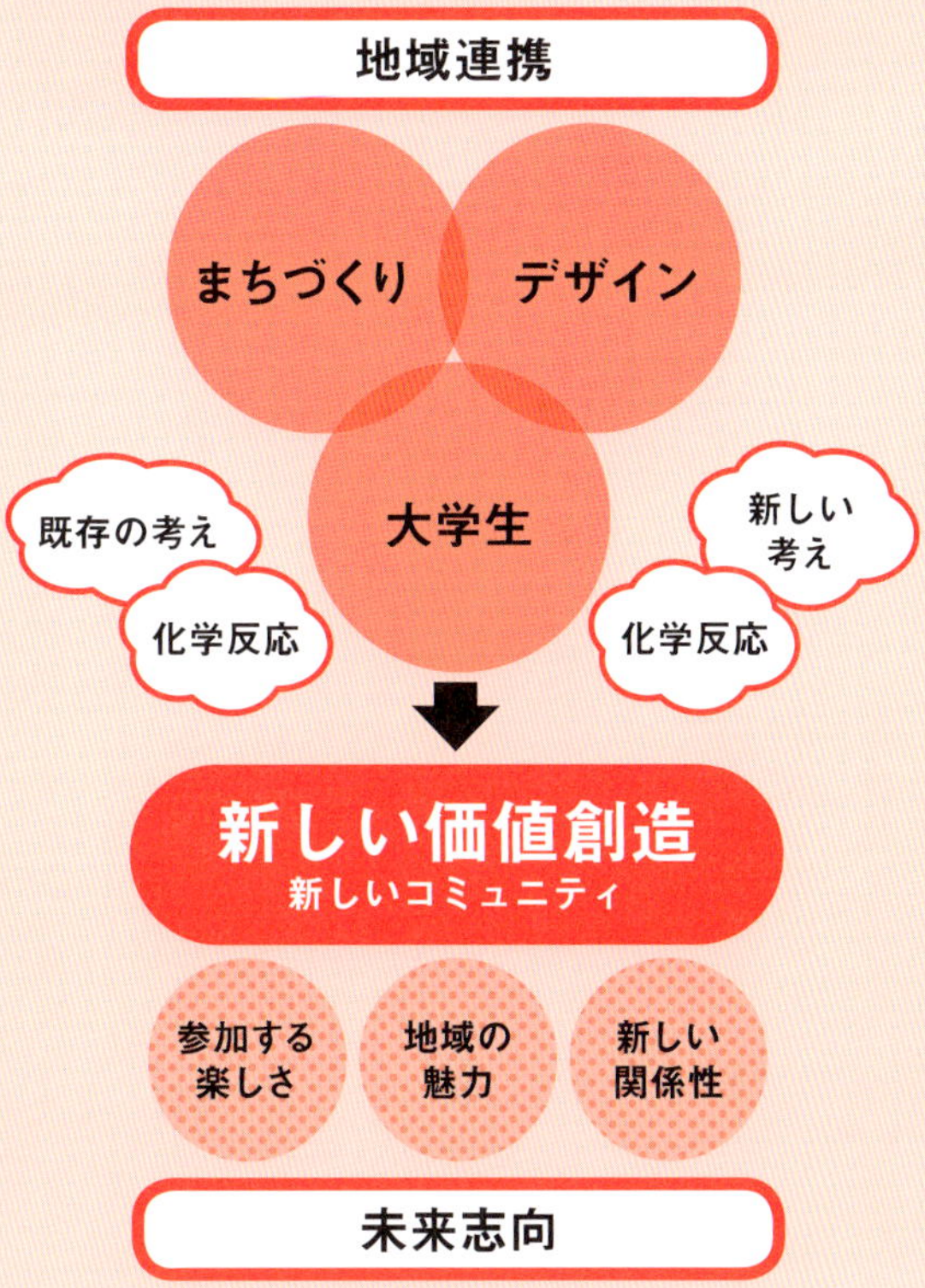

「学生参加型まちづくり」は地域連携に基づくさまざまな実践活動。コミュニティ中心設計の思考法に基づいた哲学と、多彩なデザインに裏付けされた発想力で、課題解決に挑む取り組み。

中にあると考えたからです。

本格的なまちづくり活動はまだ始まったばかりですが、「学生参加型まちづくり」の継続的な仕組みと、「デザイン思考」に基づいたソーシャルデザインの活動、多彩なデザインの発想力は、最大の特徴であり、強みでもあります。コミュニティの住民主体の哲学がそこに貫かれています。

私は、地方創生やまちづくりの活動を始めてから毎年さまざまな地域を視察に訪れており、その数は国内外を含め年間数十カ所を超えます。その現場で強く感じるのは、これからの新時代のまちづくりはグローバル化時代を迎え、地方創生もグローバル、多文化共生の視点が不可欠になっているということです。

また地方は人材、資源（物）、財源の不足などの課題を抱えており、私がこれまで取り組んできた途上国の抱える開発課題とも共通点が多いと感じます。そこで、途上国における開発の経験が地方創生の現場でも活かせるのではないかと考えています。

さらに、本書の研究視察で訪れた長野県塩尻市の先進事例のように、現在の地方創生の現場で期待されているのは、最も先進的で旧来の慣習を打ち壊すようなイノベーション的なテクノロジーの活用です。これからの厳しい時代を乗り切るには、情報通信技術（ICT）に代表される革新的なテクノロジーが不可欠であり、その意味で地方創生の現場は、これまでにない新たな挑戦が期待されている「領域＝舞台」といえるでしょう。

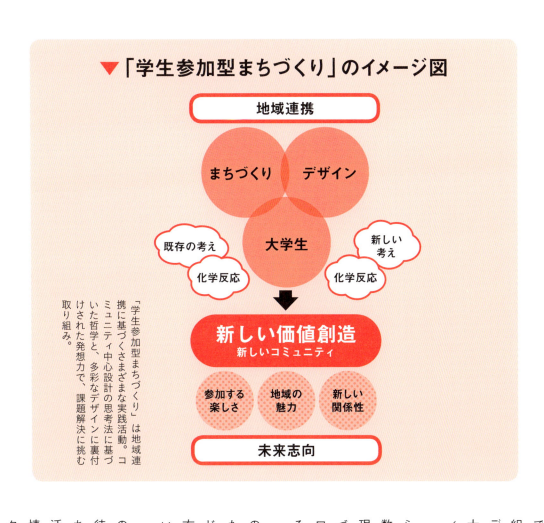

【三つの地域課題】

- 東京一極集注
- ビジネスモデルがない
- 若者不足

地域連携機能強化を推進して世代をつなげる強靭な関係を形成する

まちづくりには、「よそ者、若者、ばか者」の三者の役割が重要だとよくいわれます。水素（H）と酸素（O）の元素が融合し、化学反応を起こすことで水（H_2O）ができるように、まちづくりは多様な世代と人材が交流し、時には異なる意見をぶつけ合いながら理解を深め、新しい取り組みを展開していくことが重要です。

しかし地方創生の現場に行って驚くのは、まちで若い世代をほとんど見かけないことです。特に大学生などの20代前半の層がごっそり抜け落ちています。

だからこそ私たちは「学生参加型」の活動に可能性を感じているのです。

若い世代は大学で学ぶために都会へ出てしまっており仕方がないかもしれませんが、まちづくりの担い手である学生は、まさに地方創生において主人公ともいえる重要な世代です。

若い人だからこそ感性を活かし、その町に住みたくなるような提案も期待できる。まちづくりには学生などの存在が不可欠であり、この年代層を欠いてまちづくりを行うことはバランスが悪く、不自然な状態です。

しかし、一方でまちづくりは時間を要します。名前と顔が一致し、地域の人たちと信頼関係を構築するのにも相当な時間を費やしてしまいます。学生も授業があり、就職活動も控えていることから、実際にまちづくり活動に参加できる期間はさほど長くありません。その意味で、学生が見知らぬ場所にいきなり登場してまちづくりを始めることはハードルが高く、難しいといえます。受け入れ側にとっても、学生がまちづくりに参加したところで、しょせん一過性でイベント的なものに終始してしまうのではないかという不安が拭えないかもしれません。

そこで大学では、まちづくりや復興支援を実践している岩手県釜石市、山梨県南巨摩郡富士川町などと包括連携協定を結び、学生がまちづくりのフィールドを確保し、継続的な活動を保証する仕組みを構築しています。私の研究室でも、学生の世代が変わってもまちづくり活動の拠点となるように機能強化を進めているところです。

「学生に何ができるんだ。生半可な気持ちでは何もできない！」。まちづくり活動を始めたばかりの頃、住民の方から厳しい言葉を受けたことがあります。

この一言は、まちの人が私たちの活動を温かく見守り、受け入れてくれる激励の言葉だったと今となっては理解できます。

この言葉を忘れず、自問自答しながら学生とともにまちづくり活動を続けていきたいと思っています。縦糸と横糸を紡ぐことで一つの織物ができるように、先輩から後輩へ伝える縦のつながりの流れと地域に広がる横のつながりを結び付けることができれば、強靭《きょうじん》な地域が形成されていくのではないでしょうか。

“多様な人材と世代が交流する活動「人のつながり」が強靭な地域をつくる”

地域は実践力を鍛える道場　まちづくりは、人づくりです

もちろん学生にとっても、まちづくりは最適な学びの場となり得ます。文化、農業、産業、福祉、環境など広範な領域にまたがることから多くの学生にとって自らの専門性を学ぶ格好の機会となります。まちは実践力を鍛える道場なのです。

現在（2019年3月時）で私が指導する4年のゼミ生は14名です。半分が自宅から通学する首都圏の学生、残りが実家を離れて学ぶいわゆる地方の学生となります。このうち、2名は大学院の進学および留学、4名はUターンします。さらに、2名がゼミで活動を行っていた山梨に残り仕事を始めることになりました（1名Iターン、1名Jターン）※。

長野県長野市篠ノ井出身の学生は、富士川町のまちづくり活動を通じて自分の故郷への愛着が高まったと言っていました。これまで縁がなかった地域のまちづくりの活動を通じて、ふるさとへの想いを育み、そして卒業後は故郷に還《かえ》る。これは私も予期していなかったうれしい出来事でした。

学生に付加価値を付けてそれぞれの出身地に送り戻す。まちづくりを専攻する研究室として、学生がこれまで育ってきた地域に対し、多少なりとも貢献することができたと考えています。

学生は、地方に関心がないわけではありません。地方の魅力や情報を正しく知らないだけです。まちづくりは、学生に対して人生の選択肢を数多く提示し、地域のファンやリピーターを増やすことができます。結局、まちづくりとは人づくりなのだと思います。まちは人がつくるものですが、人をつくるのもまちであることを、学生たちの体験から私自身が学んだ気がします。

「地方消滅の危機」待ったなし　まず行動を起こすことが重要です

私の研究室のテーマは「地方創生のカタチづくり」と掲げています。

地方創生は、地方消滅の危機にある地方にとって時間的、財源的に見ても立ち止まっている猶予はありません。まさにいますぐ取り組まなければならない事業です。しかし、地方創生が成功している事例は多くありません。さらに調べていくと、実は取り組み事例そのものが少ないことが分かってきました。

プロジェクトで失敗しない唯一の方法、それは何もしないことです。しかしそれでは世の中は何も変わりません。まちづくりは試行錯誤の繰り返しです。まず行動を起こすことが何より重要です。失敗は挑戦したことの確かな証しでもあります。

失敗できることも学生の大きな利点の一つだと思います。もちろん失敗することを前提に活動する人は誰もいないと思いますが、少なくとも学生諸君には失敗を恐れず、果敢に挑戦を繰り返してほしい。学生たちの向こう見ずな挑戦が、「地方創生のカタチづくり」の原動力になると私は考えています。

※Iターンとは都市に生まれ育った人が地方で生活を始めること
Jターンとは地方出身者が都市生活を経てほかの地方へ移ること

3人の達人が教える！

実践！まちづくり「はじめの一歩」思考法

いま地域の問題を考えることは最優先事項です。
そこには日本の縮図が凝縮しているからです。
地域やコミュニティを変える「はじめの一歩」――。
本書の監修者である「3人の達人」に解説してもらいました。

徳永達己さん
拓殖大学国際学部国際学科教授
地方創生およびインフラ開発担当

永見豊さん
拓殖大学工学部デザイン学科准教授
景観デザイン担当

工藤芳彰さん
拓殖大学工学部デザイン学科准教授
ソーシャルデザイン担当

1

「五感」を研ぎ澄ませ、「まち」を感じてみよう

地方の田園風景、都市部や郊外の商店街など、「まちの姿」はさまざまです。景色、雰囲気、そして往来する人々の様子、まちから「感じる印象」を大切にしたい。初めて訪れる「まち」はもちろんのこと、たとえ住み慣れた「まち」であっても、常に新鮮な気持ちで「五感」をフルに使って、感性を研ぎ澄ませて感じてみよう。「新しい発見」がそこにあります。（徳永）

2

「答え」はすべて「現場」にある

まちづくりの活動は「いまそこにある問題」を解決するために、始めるのが出発点です。課題発見のきっかけも、解決の糸口も、そして迷ったときも、「答え」はすべて現場にあります。とことん「現場主義」で臨みましょう。（徳永）

3 まず「自分のこと」として考えよう

そもそも、なぜ「まちづくりの活動」に関わるのか？　まちと自分の関係性を、他力本願ではなく「自分のこと」として向き合うのが第一歩。そのうえで自分がどうしたいのかを問いましょう。自分がうれしいこと、楽しいこと、おいしいことは、ほかの人も同じように感じるはずです。自分の考えを発信して、自由に意見交換することで、意識を共有できます。(永見)

4 あらゆる情報は「見える化」しよう

地域やコミュニティで住民らの意見を聞くときに、聞き漏らしや勘違いが生じることがあります。まちで知り得た「情報」を板書する、さらに付箋を使って情報やまちの住民の意見同士の関係性を図式化したり、写真やイラストを加えるのです。「視覚化」されたものから刺激を受け、「見える化」された情報で、創造性がふくらみアイデアが広がります。(永見)

5 「アイデア」をまねる

ソーシャルデザインの特徴は、コマーシャルデザイン（ビジネスと関わりの強いデザイン）と全く異なり、まねをしても誰にも怒られないことです（むしろ、同志として喜ばれるでしょう）。実施の際は遠慮なくアイデア元に相談し、事後は効果のあったことや次回に向けた課題、改善のためのアイデアなどを共有しましょう。(工藤)

6 次世代の「子どものため」のもの

子育て中の大人は公私ともに忙しく、まちづくりの主役を期待することは難しいものです。しかし、活動が「子どものため」のものであれば、公私の「私」の一部を、まちづくり支援に充てることができます。かつて、どこの自治会にも子ども会があり、季節ごとにイベントを実施していました。生活の多様化や少子化により、伝統的な子ども会は衰退の一途をたどっていますが、まちづくりのコミュニティに「子ども会的なもの」を含めてみることは、次世代育成の意味でも有効でしょう。(工藤)

7 「社会的弱者」を主役に

まちづくりは長期戦です。長期戦といえば兵糧ですが、地域の兵糧とは予算ではなく、人材です。いかに多様な人材を、循環的にまちづくりに参加させられるか。そのためには、積極的に「社会的弱者」を主役にすることがよいでしょう。女性、子ども、高齢者、障害者、そして性的・文化的マイノリティ。実働部隊を増やすだけでなく、新しいアイデアを生み出す原動力になるでしょう。(工藤)

8 小さな「手本」をつくる

まちづくりと聞くと、ずいぶん規模の大きな活動に聞こえるかもしれませんが、複数の人が一度に同じ動きを始めるわけではありませんし、そもそも、そんなことはできません。個々が始めた小さなトライが広がったり、結び付いたりして、気付けば地域の魅力になっていることがほとんどです。入念な準備より、失敗を恐れず、小さな小さなお手本をつくることを目指して動き出すこと、そして、そのような活動を見つけて支援することが重要です。（工藤）

9 これからの「夢」を語ろう

新しい価値を創造し、豊かな暮らしを目指す行為――それがまちづくりです。将来の望ましいまちのイメージ、「夢」を語ることで共感できる目標像ができ、賛同者が増え、まちづくりが実現していきます。「夢」を語ることがまちづくりの原動力となります。（永見）

10 「面白がる」ネットワークが基礎になる

地域活性化の活動で何より肝要なことは、まず参加者自らがまちづくりの過程を楽しむことです。成果を出すことも大事ですが、活動そのものが楽しくなければ長続きはしません。自分が楽しくなること、やりたいことを常に考えて実行するよう心がけてください。時には仲間との意見が合わないことや、やりたくない仕事を引き受けざるを得ないこともあるかもしれません。でもそんなときこそ、面白いことを考えてポジティブにマインドを切り替えましょう。一人で抱え込まず、みんなで協力し合って行動することも大切です。まちづくりの基礎となるのは参加する人たちのネットワークにほかなりません。仲間や同僚を大切にし、ほかの地域の人もうらやむような風通しのよい組織をつくり上げてください。(徳永)

11 「巻き込む力」で継続する

人を「巻き込む力」と、人と「つながる力」が活動の原動力です。これにより組織は拡大し、事業も継続していきます。活動の際は、常に人を巻き込んでいくことを意識しましょう。地域住民はもとより、若い人や多彩な経験を持つ人を巻き込んでいくことで活動の幅も少しずつ広がっていきます。これから先の「新時代のまちづくり」は、「多様性＝ダイバーシティー」の視点が不可欠です。（徳永）

12 「仕掛けと仕組み」を組み込む

まちづくりには、イベント開催や施設設置など人を呼び込み、活性化を図る「仕掛け」、およびその仕掛けを継続的に動かすような制度や定常的な財源からなる「仕組み」の二つが必要です。この二つはさまざまな組み合わせがあり得ますが、うまくいっている活動は間違いなくこの二つがかみ合って相乗効果を上げています。皆さんも周囲のまちづくりの活動内容を調べるときは、それぞれの「仕掛けと仕組み」は一体どうなっているのか、二つの要素に注目しながらチェックしてみてください。（徳永）

知っておきたい！

図解「まちづくりの羅針盤」

まちづくりの活動は「試行錯誤」の連続です。
見直しや改善を繰り返しながら、常に活動を再確認する必要があります。
それぞれの場面で、活動を円滑に進めるために心得ておきたいチェックポイント。
まずは地域と向き合い、コミュニティ目線で考えながら、
自分たちの活動の立ち位置を見極めることから始めてみましょう。

Plan

Case 1

分からない人へ！

- 「地域の課題」の整理と分類から始める
- 地域で一番困っている人は誰かを特定する
- 地域のニーズと参加者たちのやりたいことを確認する

Do

Case 2

始めたい人へ！

- 地域の弱みと強みを見極め「魅力と資源」を発見する
- 目的・目標・内容・運営資金・責任など、活動の範囲を決める
- 参加メンバーの役割分担と組織化を図る

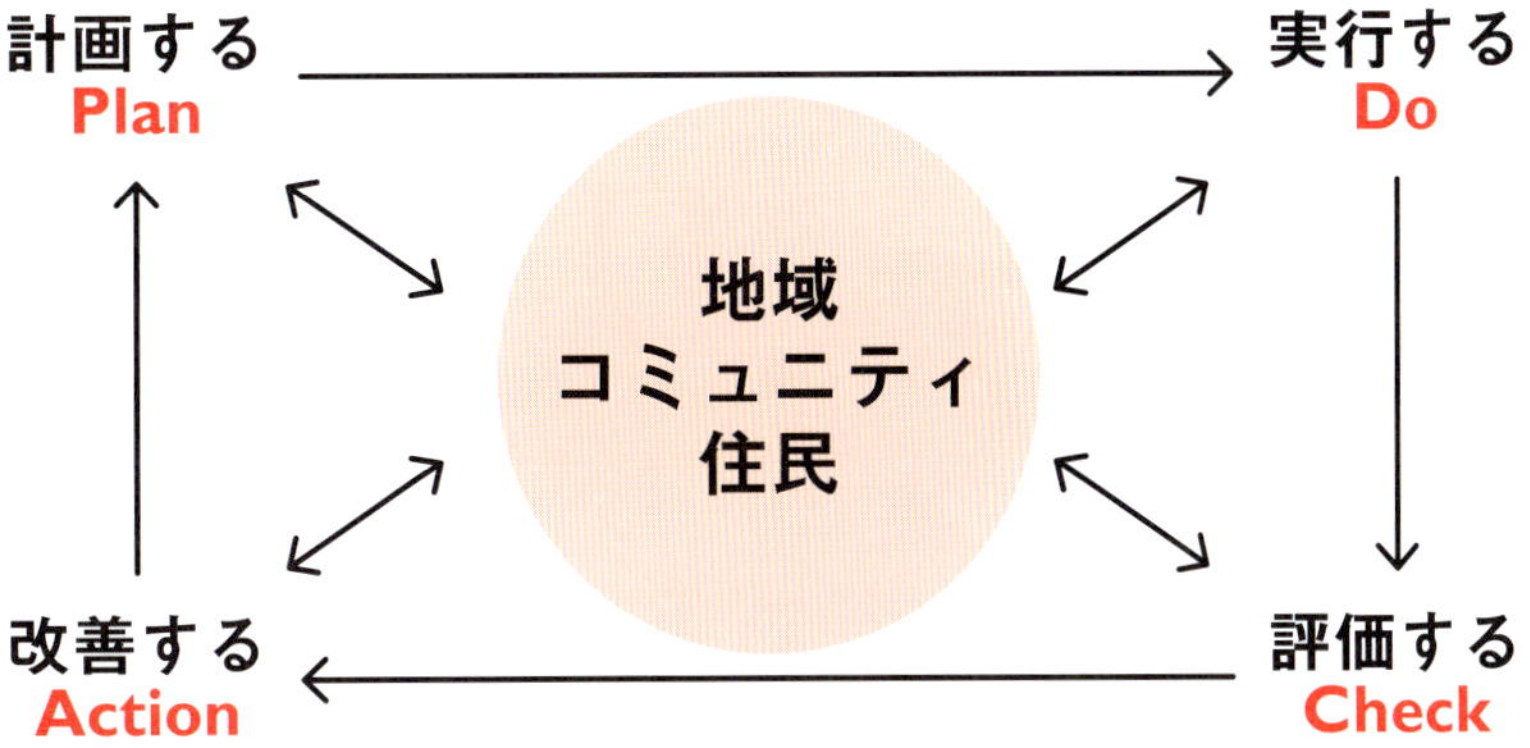

Action

Case 4

見直したい人へ！

- 活動は地域で支持されているか
「活動の成果」を棚卸しして、可視化する
- 「継続する価値」がある内容か

Check

Case 3

うまくいっていない人へ！

- 参加者の考え方がバラバラになっていないか
- 活動の「目的」「目標」を改めてじっくり考える
- 地域や組織内の人たちの関係性を見つめ直す

活動の立ち位置を知るヒント解説

ビジネスの現場で活用される「PDCA思考法」は、まちづくりの現場でも有益なメソッドの一つです。この循環サイクルに、デザインの現場で浸透している「ユーザー中心設計」の思考法を融合させて、地域住民のニーズを中心に考えながら、まちをデザインする挑戦をしてみましょう。それぞれの活動段階で、地域と現場に立ち返りながら、本質を見極めて、実践することがポイントです。そして、活動の進捗過程で、見失ってはいけないのが自分たちの活動の立ち位置です。まちをどうしたいのか。何を目指すのか。活動の座標軸となる代表的な心得を身に付けて、迷ったときには原点に立ち返りましょう。

Chapter
1
課題解決へのヒントが、
ここにある。

大学生×まちづくり実践研究

すべては人づくり「新しいカンケイ」をつくる挑戦。

大学生が一つの地域に密着して、その土地の活性化をめぐり悩み、考え、行動する。
悪戦苦闘と試行錯誤の日々――そんな大学生と地域の連携による、新しいまちづくりの最前線。
枠を超えてつながる人々の「新しいカンケイ」づくりの挑戦と、
未来志向の地域をつなげるプロジェクトをご紹介しましょう。

拓殖大學
拓殖大學

ここは
中野の棚田
視点場です

富士川町 × 拓殖大学
富士川町 まちづくり シンポジウム

新みみ料理
ここに誕生！

拓殖大学

山梨と八王子

地域をつなげる プロジェクトYターン！戦略

プロジェクトYターン！の戦略

甲斐の国には名将・武田信玄により伝えられたといわれる相互扶助の「結（ゆい）」という考えがある。それと「やまなし」を「ゆるやか」に結び付ける活動からプロジェクト名を「Yターン」と命名した

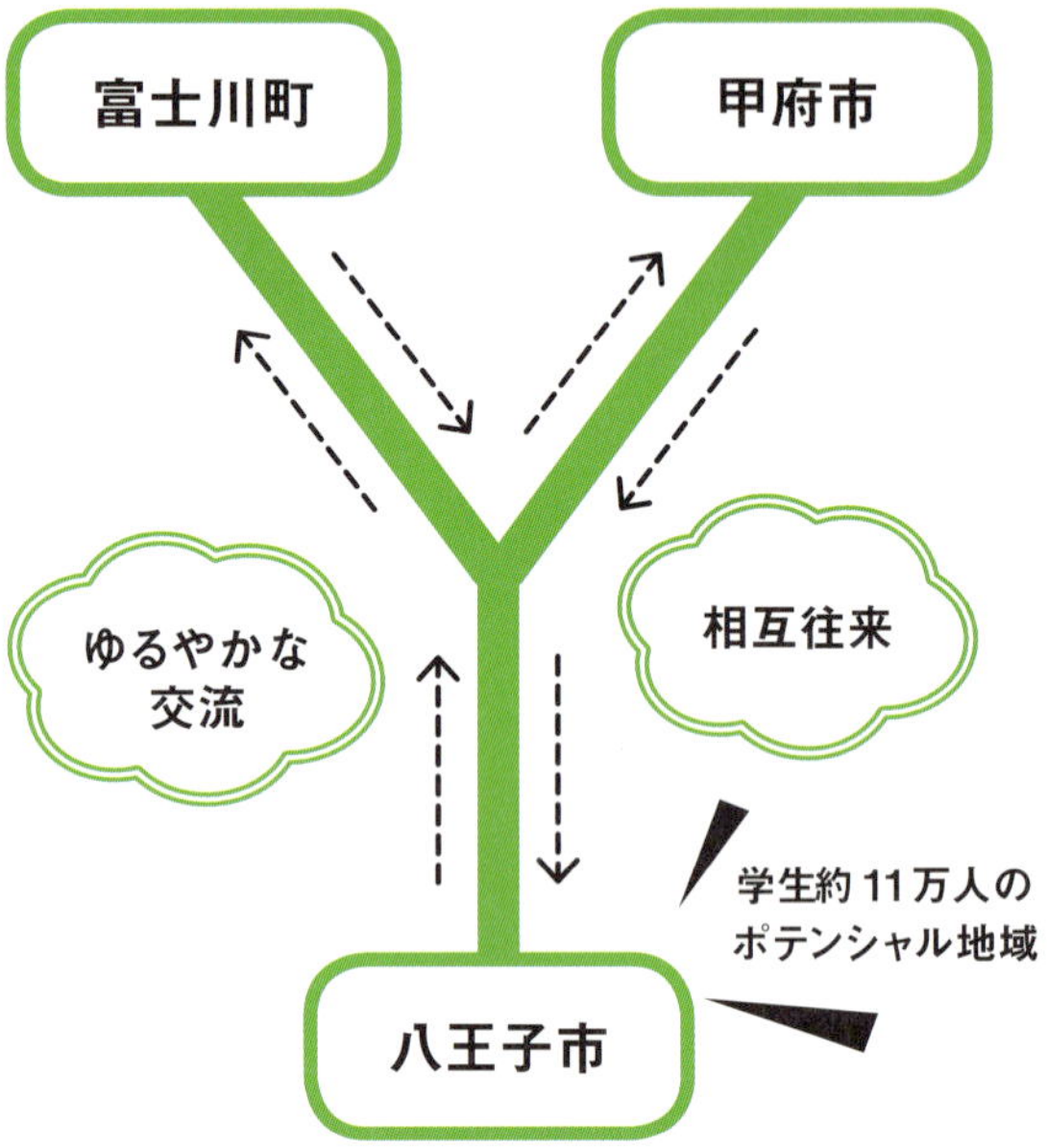

Do It Yourself！

三つの行動プラン

1 大学生・留学生

週末ホームステイ

学生たちの週末ホームステイ交流をきっかけに、手づくり感覚で「まちづくりDIY」に取り組んでもらう

2 デザイン

まちづくりDIY

空き家や廃校を利用した学生の合宿計画を起点に、地域デザインや宣伝PR提案などの「まちづくりDIY」を実践して地域貢献を図る

3 地域おこし

イベント企画

地域の特性を活《い》かした学生参加によるイベント企画を仕掛ける。外部からのアプローチにより地域住民の活動を促すきっかけづくりの挑戦

山梨県
富士川町

地域をデザインする活動

学生参加型「まちづくりDIY」の挑戦！

学生参加型のまちづくりを実践研究する拓殖大学国際学部の徳永達己研究室。2015年の活動開始から4年——。地域連携による活動の原点になっているのは、山梨県と東京都八王子市をつなげる「プロジェクトYターン」の戦略です。つながる関係を広げる、ゼロから始めた大学生たちの挑戦事例を紹介します。

人口：15,155人（2019年5月1日現在）
面積：112.00㎢

人口減少の地域課題へ新しいアプローチで提案

「ゼミを立ち上げる前年の〝ゼロ期〟の学生たちは、私の授業の受講生による混成チームの有志たちで、最初は留学生1名を含めた9名からスタートしました」

そう語るのは拓殖大学国際学部の徳永達己教授だ。

徳永研究室は、2015年6月から山梨県南巨摩郡富士川町におけるまちづくりの活動を開始した。

富士川町と関わるきっかけになったのは「大学生観光まちづくりコンテスト」（事務局：JTB、三菱総合研究所）への観光振興プランを提案するために、対象地である現地を調査で訪れたことだった。

観光まちづくりとして提案したのは「プロジェクトYターン」という「人のつながり」を生み出す新しいアイデアだった。この企画の根底にはどんな考えと狙いがあったのか。

徳永教授がこう解説する。

「山梨県と東京都八王子市の距離的な利便性、観光や合宿などを通じて、大学生を中心に対象地域へ人を呼び込む仕掛けを考えるという発想でした。八王子市は大学や短大が25校、学生11万人を誇る全

おカネをかけない、アイデアと工夫で活性化を！

1.学生たちの町政参加活動は空き家問題から始まった。2.3.初めての「大学生観光まちづくりコンテスト」の発表会。富士川町の町役場で入念な現場取材を行った。4.「まちコン」提案の「プロジェクトYターン！」の行動理念の一つは「学生たちのチカラ」を活用し、まちの特性を生かしたカスタマイズを楽しむ「まちづくりDIY」の発想が原点。空き家や廃校など「既存のあるものを有効活用」しながら、「アイデアとやりくり精神」で、まちを元気にする挑戦だった。5.富士川町のキーマンの仙洞田新さん（写真右）と坂本祥郎さん（中央）、そして役場の依田哲哉さんが学生たちのサポーター。

国でも有数の学園都市です。約3000人の留学生と約6000人の芸術やデザインの学生が含まれており、活動できる人口のポテンシャルは十分にあると判断していました」

学生たちが参加することにより富士川町の抱える年間100人規模で人口が減少する地域課題の一つにアプローチする考えだった。

山梨には地域住民の結び付きである「結（ゆい）」と呼ばれる相互扶助の伝統的な関係がある。その地域「やまなし」と八王子・多摩地区を「ゆるやか」に結び付ける活動であることから、プロジェクト名を「Yターン」と命名した。

「都市部から地方へ人が流入するパターンはさまざまあります。地方出身者が一定期間の都市生活を経てから故郷に戻る『Uターン』や、都市の人が地方で生活を始める『Iターン』、そして最近では、都会生活を経てほかの地域へ移る『Jターン』と呼ばれる現象がありますが、これらはすべて流れが一つの方向であり、相互間の交流を図る形態ではありませんでした。**研究室の企画したプロジェクトは、一方通行ではなく、むしろ相互間で活発に行き来する行動様式がふさわしい**と考えたのです」（徳永教授）

「関係人口」をつくる実践 地域のキーマンが環境整備

その行動プランとして提案したのは——①大学生・留学生の週末ホームステイによる国際交流、②デザインやものづくり専攻の学生による「まちづくりDIY」の地域貢献、③学生を巻き込んだ地域おこしイベント企画——という3本柱だった。

「当時はまだ『関係人口』という概念は確立していませんでしたが、研究室の活動はこのプロジェクトの理念が基盤になって、いまも継続して実践をしているわけです」

徳永研究室が正式に立ち上がったのは、ゼミ1期生が誕生した2016年6月からだった。

研究室の1期生で、ゼミの代表を務めた安藤智博は、「初めは文字通り、ゼロからのスタートでした」と、当時を振り返る。ゼロ期生たちの志と地域振興の企画アイデアを「カタチ」にする活動が、本格的に始まった。

学生たちの活動を受け入れた富士川町役場の窓口案内役となった当時の政策秘書課地域振興担当の依田哲哉さんはこう話す。

「富士川町では、これまでインターンの受け入れなどは行っていましたが、学生が町政に参加すると

みんなで「つながる関係」をつくろう！ プロジェクトの志をカタチにする持続的活動

いう事業はありませんでした。ＪＴＢの『大学生観光まちづくりコンテスト』で富士川町に興味を持っていただいた大学はありましたが、コンテスト後も当町で研究や活動を続けていたのは徳永研究室だけでした」

大学生による町政参加の挑戦は、最初は空き家問題の課題解決だった。

「このテーマの現場の専門家として役場からの紹介で、富士川町の空き家バンクの管理者である地元のキーマンとの面談が実現しました」（徳永教授）

そのキーマンが、仙洞田新さんと坂本祥郎さんだった。

この二人の協力を得て、まちづくり活動の環境づくりが整い始めた。

「空き家バンクの仙洞田さんからは、空き家率の数字だけでは読み解けない実態との乖離《かいり》など、現場で調査しないと分からない話を聞くことができました。さらに、町**の中山間地域の小室地区にある空き家を無償で借りることができて、学生たちの“拠点づくり”まで実現することができました。**その拠点へ学生10数名で宿泊しながら、フィールドワーク活動をすることができたのです」

「学生に何ができるんだ？」地域住民との対話の壁

ところが、富士川町へ通い始めて3度目の夜、町民との懇親を兼ねた宴会場で、あるハプニングが起きた。安藤がその出来事をこう話す。

「われわれの歓迎を兼ねて、地域住民のみなさんが『ご飯でも食べようか』という話になって、その宴席で富士川町のことをみんなで熱く語りだしたんです。お酒も入っていたのですが、『何で富士川町なんだ？』『学生に何ができるんだ？』と酔った住民の方から面と向かって言われたんです。みんな一瞬、ハッとなって言葉が出ませんでした。反論したかったけど、言葉に窮しました。その場は議論にもならずに終わりましたが、何かモヤモヤしたものがしこりとして残りました。

そのことがきっかけで、ゼミの中で**『何で、俺たちは富士川町へ来ているんだろうね？』って根源的な議論になったんです」**

学生が人間関係もない地域でゼロから積み上げながら、まちづくり活動をするのは容易ではない。

目の前に立ちふさがった住民との「対話の壁」――。**学生は「なぜ、この富士川町に関わるのか」。**その活動の意味を突き付けられて、**個々人で自問自答を繰り返す日々を過ごした**という。

もっとも、ハプニングが起きたときはどうすればいいのか、その“結論”は導き出せなかった。一つだけ分かったのは「住民側は学生に対して、あまり期待していない」という事実だった。

この「壁」を払拭《ふっしょく》するためには何をすべきなのか。それが次の行動の原点になった。新しい関係をどう築くのか。

すべてはそこからの再スタートだった。

ココがPOINT!

こうして生まれた！「学生まちづくり協力隊」構想

2015年からの富士川町のまちづくり活動で実践した「プロジェクトＹターン！」戦略。この活動から、徳永研究室が八王子市長へ提案した「学生まちづくり協力隊」構想は生まれた。

「拓殖大学がある八王子には学生が11万人もいます。彼らが地域や地方と関係性を持つ仕組みができれば、地方創生の原動力の一つになると考えたんです。拓大と富士川町のように『地域連携協定』を結んで活動を緊密にすれば、さまざまな分野の大学の専門家が連携して地域の課題に取り組むことができるようになる。『連携』を通じて、大学と自治体、あるいは地域の経済界との結び付きが広がれば、そこから新しいことを創出する可能性を秘めていると思います」（徳永教授）

山梨県
富士川町

国際交流「日本を知る」プロジェクト

失敗から学んだ地域との関係性「現場主義」と「本音対話」の教訓。

まちづくりは教科書通りには進みません。むしろ失敗の連続です。ましてや、実践者たちが大学生ならなおさらです。失敗に学び、悩みながら行動した大学生たち――「壁」を突破するきっかけになったのが富士川町から委託された「国際交流プロジェクト」の運営でした。

住民と腹を割って話す場「まちのリアル」を感じる

「学生たちには積極的な失敗を通じてまちづくりの意義を学ばせたかった」

徳永教授は、住民と学生の間で起きた「真夏の夜の出来事」について、当時を振り返りながらこう話した。

「あの宴席上での出来事が起きたとき、私はそばで見ていましたが、学生たちには何も言いませんでした。まちづくりはそんなに簡単にできるものではありません。マニュアル通りにうまくいくはずはありませんから。そういうメッセージを伝えたかった。その意味では、富士川町の住民と学生たちの間で起きた出来事は意味のある体験でした」

学生たちは「壁」を突破するために、まず現場に出向き、行動することから始めた。

「夏休みを使って、住民たちとしっかり対話を深めることから不信感を取り除くようにしました。**フィールドワークだけではなく、お互いに腹を割って話す場を設けるようにしたんです。少人数規模のミニワークショップのように。3〜4人程度の規模でした。町の人の声に真剣に耳を傾けました。**う

富士川町役場のインターンシップに挑みました！

1.国際交流プロジェクトの後に、富士川町の志村学町長（後列左から5人目）を囲んで写真撮影。ゼミ長の安藤智博（後列左から４人目）は役場のインターンシップにも挑戦した。2.平林地区にある「増穂登り窯」。3.この「増穂登り窯」の代表の太田治孝さん（奥右）は、富士川町での拓殖大生たちの活動の良き理解者。

わべだけの話では何も分からない。役場へのヒアリング調査も重ね、空き家の家主へも実際に取材しました」（安藤智博）

とにかく**「まちのリアル」に向き合い、住民たちとの対話を重ねることで、打開策を見いだそうとした。**

そんな学生たちに「壁」を突破するきっかけを与えてくれたのは、地元の有力者で、故池田満寿夫がつくった「増穂登り窯」の代表を務める太田治孝さんだった。太田さんは学生たちの活動のよき理解者だった。あるとき学生のもとに太田さんから1通のメールが届いた。

「韓国から毎年、日本の文化を学びに学生が富士川町を訪れます。彼らは1週間ほど滞在するので、皆さんも一緒におもてなししてくれませんか？」

富士川町が2015年から文化教育交流協定を結んでいた韓国の慶星大学との「日本を知るプロジェクト」のイベント運営を手伝ってほしいという打診だった。

「韓国の学生たちは、町内にある『増穂登り窯』で毎年、陶芸体験に参加していました。そこでわたしたちは、富士川町からの正式な委託を受けてボランティアとして参加したわけです。**太田さんは、**

この町のファンとして、関わる意味を見いだした「交流体験」

研究室が提案した『プロジェクトYターン』の考え方にも賛同してくれていて、学生たちの空き家を利用した週末ホームステイや焼きものづくりなどのアートを通じた交流も、積極的に後押ししてくれていました」（徳永教授）

国際交流をきっかけに実体験を自分の言葉で語る

安藤によれば、学生たちも活動に確かな手ごたえを感じていたという。

「**韓国の大学とのワークショップを通じて、みんなで町のいいところを探して、住民との意見交換や話し合いの度合いを初めて深められた印象でした。**ＢＢＱやイベントのテント設営仕事、なんでもやりました」（安藤）

役場の担当だった依田哲哉さんはこう見ていた。

「拓大生と韓国・慶星大学生との交流では、慶星大学生の歓迎会を平林地区の『みさき耕舎』で行いました。その際にはテントや机、イスなどを倉庫から運び出し設営するなど、力仕事をしてもらいました。同地区の『増穂登り窯』で陶芸をしたり、富士山などの県内観光にも一緒に参加してもらいましたが、学生同士の会話が弾み、両学生ともに楽しい時間だったとココが POINT!

役場の人たちも驚いた！留学生たちの「SNS発信力」

拓殖大学の留学生による富士川町のホームステイが実現したのは2017年3月のこと。「日本の田舎に行きたい」との声が上がり、「地域振興」の一環として行われた。同時に実験的に試みたのが「SNS発信」による波及効果の検証だった。

「タイ人と台湾人の留学生に協力してもらって２カ国語で情報発信したのですが、富士川町で始まって以来の大反響だったそうで、役場の人たちも驚いていました。特に拡散力の強かったのはタイの学生たちによるものでした」（徳永教授）

富士川町では年間を通じてさまざまなイベントが行われている。学生のチカラを借りて、まちの魅力を発信することもさることながら、役場が期待することは何か。「まちの宣伝ポスターやPR動画などの制作をデザイン学科へ依頼するなど、徳永ゼミだけでなく拓殖大学とまちとの交流ができれば理想的です」と町役場では学生たちの活動の可能性に期待を寄せる。

思われます。韓国の若者と日本の若者が富士川町で交流したことは、いい思い出ではないでしょうか」

特に歓迎会のアイデアは、研究室から地域おこしの一環として提案したもので、平林地区の住民の全面協力を得て協働したことで住民との話し合いや交流が深まったという。

「町に行って単なる交流だけでは、『まちづくり』の『ま』の字もないと思いました。ただ、行って交流してまた戻るだけではダメで、課題をしっかり見いだし、解決なりカタチに残さないと意味はないとみんなで結論付けたのです。これまで掲げた課題もいったんフラットにすることで、いろんな問題も見えてきたし、町に対する理解も深まりました」（安藤）

研究室の学生たちが突き付けられていた「なぜ、富士川町に関わるのか」という問いの答えは、**この町が好きだということ。ひとごとではなく「自分のこと」として富士川町と関わるということ。その意味を自問自答の末に見いだした。**

ゼミ1期生の高橋美憂はこう話した。

「今回は、現場に行って活動することの重要さと、地方が抱える課題について具体的に知ることができました。やはり、私たちよそ者の若者が町おこしについていろいろ勝手に考えるだけでは何も生まれないし、何も分かりません。現地に足を踏み入れたことで、富士川町の雰囲気をリアルに感じることができました。また、私たちの目的をお話しした際の町の方々の反応や大きな協力を得て、実際に空き家に宿泊させていただくことができました。そして何より、活動を通じて多くの人から富士川町の町おこし活動の実態についてお話を伺うことができました」

机上では分からない現場主義の重要性を感じた瞬間だった。

「何より人に情報を正しく伝えるには、実体験を通じて『自分の言葉』で語ることが大事なのだと思いました」（高橋）

徳永教授は国際交流を経て、学生たちが「失敗から学んだ教訓」についてこう話した。

「いまでも（あの夜に）言われてよかったと思っています。逆に言えば、非常に親切な人たちです。あのことがあって、学生たちも腹を割った話ができたと思います。ぶつかり合わないと何も変わらないし、いまはぶつかり合う場もない。そういう本音でぶつかることが重要だと思いました」

「壁」を突破し、学生たちは地域住民との関係性を深めた。

山梨県
富士川町

地域ブランディング創生プロジェクト

「郷土料理みみ」新レシピはこうして生まれた。

「プロジェクトYターン」の戦略で、「関係人口」をつくる実践活動を続けてきた徳永研究室。次に仕掛けたのが地域資源の郷土料理を再発掘する商品化と地域ブランディングによる地域振興プランでした。

拓殖大学×富士川町 「みみ」の食べ方もいろいろ

なめとろみみ

みみの柔らかさと絶妙な歯ごたえを活《い》かしたなめことろろを味付け。「秋の風味とのど越しの良さを楽しみたい」

ゆずぽんみみ

湯がいたみみとねぎに富士川町のゆずぽんをかけたシンプルなメニュー。「爽やかでさっぱりした味わい」

みみストローネ（ミネストローネ風みみ）

富士川町特産の平林トマトと一緒に煮込み洋風に仕上げた。「トマトの酸味とうま味が凝縮されたヘルシー料理に」

信玄餅風黒蜜きな粉みみ

きな粉と黒蜜をかけて甘いデザートになる。「みみとの相性が抜群のおいしさ」

ここからデザイン学科と協働スタート！

研究室2期生加入で新企画「永見研究室」ともコラボ

研究室の活動2年目のスタートとなったのが2017年1月に開催された「富士川町まちづくりシンポジウム」の発表会だった。

研究室を立ち上げた1年目の2016年は「プロジェクトYターン」戦略の実践と、住民を交えた国際交流プロジェクトによる富士川町住民との関係性強化の活動が主なものだった。

住民との対話も深まり、富士川町への課題分析も、さらに進められていた。

対話の壁を乗り越え、失敗から学んだ学生たちの次なる挑戦は、いよいよ地域ブランドをつくる段階に進んだ。

「2016年夏の国際交流プロジェクトを終えた後から現地調査を重ね、**研究報告として考察されたのが①廃校利用、②コミュニティバスの提案、③シャッター商店街の活性化、④『郷土料理みみ』再発掘でした。この地域振興プランを17年1月のシンポジウムで学生たちが発表した**のです。

その中で役場や町民から反響が高かったのが『みみ』の提案でした。そこで活動の絞り込みを図り、4月から研究室2期生加入に合わ

地域資源をクックパッドとYouTubeで発信しました！

せて、工学部デザイン学科の永見研究室とも協働して『郷土料理ブランディング創生プロジェクト』を立ち上げました。大学の学生支援事業である『学生チャレンジ企画』にも採択されて25万円の奨学金を得ることができました」（徳永教授）

研究室の丹澤瑠里は当時を振り返りこう話した。

「新しい『みみ』の商品開発を具現化して、地域活性化へチャレンジしたいと思い活動を始めました。7月に富士川町十谷地区にある体験料理教室『つくたべかん』を訪問して『みみ』のつくり方を学びました。**夏休み期間中に一人一つ、新しい『みみ』の料理を作る課題を出してみんなで試作を繰り返しました。**富士川町の方々と一緒に歴史や文化の話を聞きながら活動できたことは、とても貴重な経験になりました」

徳永教授が「みみ料理」新開発に至る経緯をこう説明した。

「もともとの『みみ料理』は富士川町十谷《じっこく》の郷土料理で、『みみ』とは、ほうとうと同じように小麦粉の麺で、農業用器具である『箕《み》』の形状をしており、根菜や里芋などと一緒に味噌で煮込んだ料理が一般的です。名前の由来は農機具の形状説と耳の形に似てい

富士川町十谷「つくたべかん」で料理実習

食生活改善委員と「みみ」試作品づくり

「みみレシピ」発想のポイントは「親しみやすいパスタのように味付けを変えること」。住民らと試作品を繰り返し、意見を聞きながら新レシピは誕生した。

ふるさと納税の返礼品に

富士川町の「ふるさと納税」の返礼品になった「みみ」。メディアにも取り上げられて話題になった。

「包括連携式」と試食会のダブル開催

「郷土料理みみ」の新レシピ提案に至るまでの住民を巻き込んだ活動を契機に、拓殖大学と富士川町は「包括連携協定」を結んだ。その締結式に合わせて、富士川町の道の駅「ふじかわ」で、住民ら関係者を招いた試食会＆「みみレシピ」お披露目会が開かれた。

ることから転じた説があります。正月料理として『箕をもって福をすくい取る』という縁起を担いで食べられるものとしても親しまれていました。新しいレシピを開発するに当たっては、おいしく、親しみやすい食べ方を目指すために、パスタのように味付けを変える発想から、新しい食べ方を考案することにしました」

観光資源化した成功事例 ふるさと納税の返礼品

学生たちは富士川町の地元の人たちとのワークショップを重ね、町民にインタビューを行いながら「みみ調査」を実施した。

そして、9月には富士川町の食生活安全委員会と関係者を招待して、みみ料理の新レシピの試食会を実施した。

そのとき考案された新料理が①「ゆずぽんみみ」、②「なめとろみみ」、③「信玄餅風黒蜜きな粉みみ」、④「みみストローネ（ミネストローネ風みみ）」——だった。

当初の学生たちの研究では、「青森県の八戸せんべい汁」のような郷土料理を観光資源化した成功事例が開発の狙いだった。商品化や販路についてもさまざまなアプローチを続けたという。

「地元の製麺会社や健康食品会社

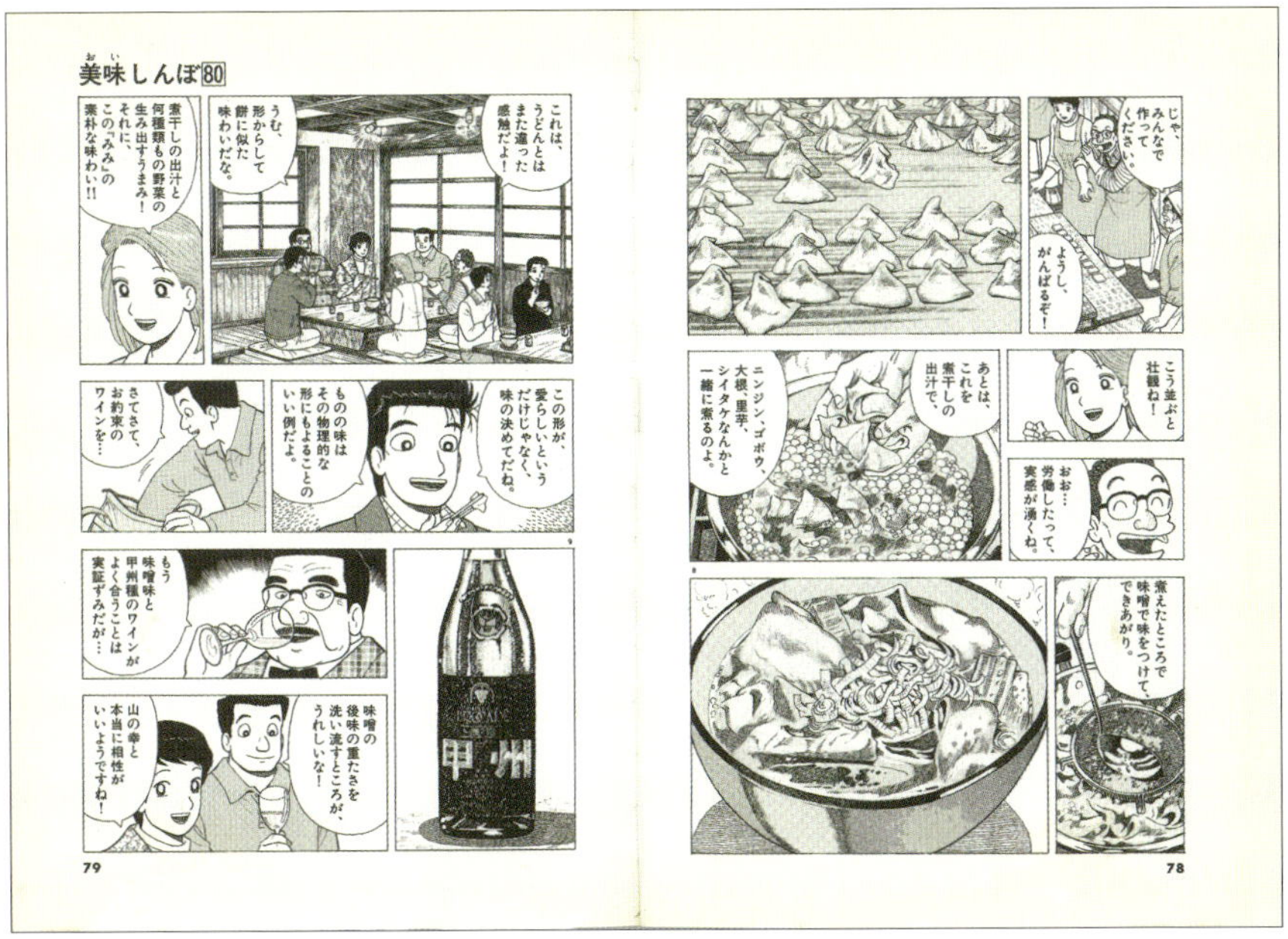

あの「美味しんぼ」で「みみ」が漫画になった

郷土料理「みみ」が漫画となって登場するビッグコミックス「美味しんぼ」第80巻「第2話　日本全県味巡り　山梨編(3)」。©雁屋哲・花咲アキラ／小学館

などにカップ麺の提案をしましたが、開発にかかる費用と時間の壁もあって進めるのは難しかった。道の駅や大学内での販売や、首都圏の主要駅でのPR販売案も検討されました。結果的には『ふるさと納税』の返礼品となり、カタチになりました」（徳永教授）

こうした「みみ料理」新レシピ開発に伴う役場や住民を巻き込んだ学生たちの行動を契機にして、**富士川町と拓殖大学は、まちづくり活動をより緊密に深めるために、包括連携協定を結んだ。さらに同年11月には、山梨県立大学と山梨総研との間で三者包括連携協定も締結した。**

大学生によるまちづくり活動は、この地域連携によって、新しいフェーズに突入したのである。

富士川町役場の依田哲哉さんはこう話した。

「私たちの中では『みみ』は野菜と一緒に味噌で煮込んで食べるものという概念がありました。『みみ』料理がもっと多くの方に認知されるようになるには、二つのことが重要であることを（学生たちから）教えてもらいました。①宣伝の方法――インターネットを利用してクックパッドなどに掲載する、B級グルメコンテストに出場して認知度を高める、など。②『みみ』の調理法――もっと若者にも親しまれるような洋風の味付けやスイーツ感覚で食べられるように工夫をすること、です。

学生の意見を聞くことにより、何気ないことに気付かされるよいきっかけになっています」

大学生たちの考察では、**「郷土料理みみ」の認知度を向上させる研究は、日本の伝統文化を掘り下げる観点からも、成功すれば全国の過疎化した地域活性化のモデルプランにもなると**、いまもなお「地方創生のカタチづくり」の活動を継続している。

ココが POINT!

山梨から八王子へ「みみ料理」が学食に！

山梨県富士川町の郷土料理「みみ」が、八王子市にある拓殖大学のキャンパス内の学食で、2019年5月から提供されることになった。

「4月に試験的に学食で提供したところ大反響で1日30食が完売しました。予想を超える反響で、業者との話し合いで正式に学食メニューとして、販売することが決まりました。大学関係者や学生たちにも好評で、ヘルシーメニューとして定着しそうです」（徳永教授）

一食の料金は350円。学食ならではの低価格だ。

「さらに大学構内だけではなく、八王子市内の飲食店のオーナーも、みみ料理に興味を示しているんです。食文化を通じた地域交流が深まれば、また別のカタチで『まち』の活性化につながります」（同教授）

山梨と八王子の「新たなつながり」の始まりだ。

山梨県
富士川町

山梨県立大学と拓殖大学の対流事業プロジェクト

ダイヤモンド富士と「郷土料理みみ」で初めてのクラウドファンディング作戦。

2018年6月、拓殖大学は、山梨県立大学との協働による内閣府の地方創生支援事業「地方と東京圏の大学生対流事業」に採択されました。八王子と山梨をつなげる大学生の実践活動は、今度は大学の枠を超えて初めての対流事業プロジェクトに挑みました。

1

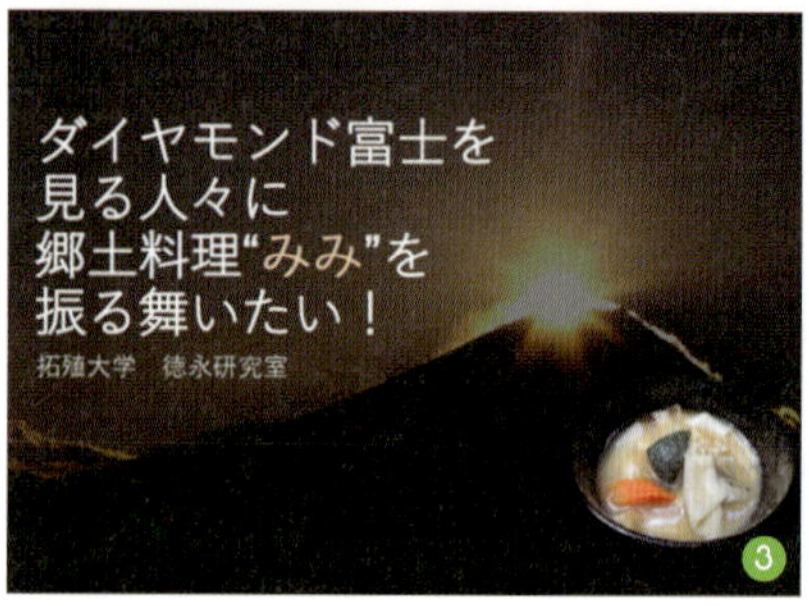

3

2

1.年に一度のダイヤモンド富士を眺める「絶景の聖地」富士川町高下地区で「みみ」のおもてなし企画＆ドローン撮影。2.対流事業の一環でクラウドファンディング企画に挑戦した拓殖大と山梨県立大の学生たちの会議風景。3.クラウドファンディングの表紙画像（「FAAVOやまなし」https://faavo.jp/yamanashi）。

「FAAVOやまなし」活用 宣伝PRとしてカタチが残る

2018年度に採択された内閣府の地方創生支援事業の目的は、「東京圏の大学と地方の大学の交流を通じて地方の魅力や新しい人の流れを生み出すこと」である。それは、これまで徳永研究室が活動してきた「プロジェクトYターン」戦略とも合致する連携プログラムだった。

両校の**協働**プロジェクトとして**始動したのは、徳永研究室が挑戦を続けてきた「郷土料理みみ」の地域ブランドを創出するプランのさらなる前進でもあった。**

活用したのは、地域振興を図る小さな挑戦を後押しする、**新しい資金調達法として注目されているクラウドファンディング「FAAVOやまなし」**。その経営母体は山梨大学コンソーシアムで、特に大学生たちの地域活性化のための企画や事業化プランへの寄付が提案されることから、運営方法に全国の自治体からも視察団が訪れるほど耳目が集まる地域の新しい仕組みである。

拓殖大学との対流事業の窓口担当で、「FAAVOやまなし」のサブコーディネーターでもある山梨県立大学の杉山歩准教授がこう話す。

「6月に採択されてから、8月に山梨県の昇仙峡はじめ県内の観光地、地場産業などの視察を皮切りに、10月は帯那地区での稲刈りの合同研修、11月は富士川町まつりの参加と、両校のゼミが交流して活動をすることで徐々に一体感のようなものが生まれて打ち解けて

日出づる里、福をもたらす縁起物。

1.2.「日出づる里」で行われた「ダイヤモンド富士」を眺めるクラウドファンディング企画で振る舞われた「郷土料理みみ」。学生たちは泊まり込みで、開催日当日の未明から100食分の料理の仕込み作業を行った。3.「福をもたらす縁起物」のもてなしに集まった人たちの大行列。4.5.未明から仕込んだ料理を提供した後の学生たちは現場でアンケート調査。6.7.曇天のため、ご来光は雲間から。お天道様がチラリ。

きました。徳永研究室のこれまでの富士川町での活動内容は、学生たちの話を聞いて理解していました。そこで、そもそも、これから『みみを売っていきたいのか？』それとも『町を活性化させたいのか？』と、プロジェクトの焦点の絞り込みを学生たちに提案して、突っ込んだディスカッションをしました。そこから出てきた結論が『みみをみんなにもっと知ってもらいたい』ということになった。それならばと、クラウドファンディングを使って、郷土料理の宣伝PRとしてカタチが残る方法を選んで活動を始めたのです」

企画されたのが、年に1度冬至の時期から約2週間だけ観測される富士川町の「ダイヤモンド富士」の絶景を見に訪れた人たちに、「郷土料理みみ」を振る舞うものだった。

「この季節になると、富士川町高《たか》下《おり》地区にはダイヤモンド富士を一目見ようと、毎日100人以上集まってくるんです。寄付を呼びかけるときに、ただ、富士山の写真だけ撮りに行く企画ではつまらない。何も残らないですから。**この町に関心の高い質のいい客に、郷土料理を知ってもらうということで、富士川町の宣伝としては一番効果が高い**だろうと考えて、『みみを振る舞う』企画提案に至ったんです」

1年に一度の縁起のいい「ダイヤモンド富士」と、「福」をもたらす縁起ものの「みみ」のダブル効果を狙った富士川町のPR作戦だった。提案タイトルは「ダイヤモンド富士を見る人々に郷土料理『みみ』を振る舞いたい！」。

寄付集めの結果は120%の達成率で、9万6000円だった。

地域振興の輪で連携提案「次のステージが楽しみです」

富士川町高下地区で行われた企画イベントは2018年12月23日、両校の学生16名が参加して、午前11時から行われた。天候は曇り。「残念ながらダイヤモンド富士は拝めませんでした」(徳永教授)

だが前日に**用意した「みみ料理」約100食分を振る舞い、学生たちは集まった人たちにアンケート調査も実施した。**

プロジェクトに参加した山梨県立大学の杉山ゼミの大澤華はこう語る。

「私は、富士川町出身で、『みみ』を幼い頃から当たり前のように食べていましたが、そんな『みみ』を発信する活動に関わるなんて考えてもいませんでした。プロジェクト当日、たくさんの方々が『み

「信玄公祭り」で
みみ料理を出店しました！

「クラウド」からファンづくり

み』をおいしいと言って食べてくれ、私たちの活動にアドバイスをしてくださいました。まちづくりは、そのまちに関わったすべての人が考えていくことで良い方向に向かうのだと感じました。今後も、富士川町の魅力を発信しながら、同じような町でまねできるような仕組みづくりができるように考えていきたいです」

このクラウドファンディングを地域活性化の成功に導く秘訣《ひけつ》は何か。杉山准教授が「三つのポイント」をこう解説する。

①**【スタートダッシュが重要】**

「最初の3日間に目標額の20%くらいに届かないと達成は厳しいので、初期段階の〝仲間集め〟が重要です」

②**【レポートをたくさん書く】**

「提案企画の解説や返礼品にまつわるストーリー説明など、自分たちのクラウドファンディングに関するレポートをできるだけ数多くアップさせるのが理想的です。毎日アップさせていると『頑張っているな』と、見た人たちが共感してくれてクチコミで拡散しますから。『頑張ってる』感が出てくると共感が生まれるんです」

③**【最後は声かけ運動です】**

「締め切り目前になったらとにかく周囲に声をかける一点です」

地域の新しい仕組みを使った試みは、不特定多数の「クラウド」から賛同者や〝放っておけないファン〟たちを集める、いわば「コミュニティづくり」にもつながる地域活性化の活動だった。

さらに、富士川町では、地元の増穂商業高校の家庭科の授業で「焼きみみ料理」を考案して、町民らに試食会を開いたことが話題となり、郷土料理を通じた地域振興の輪が広がり始めた。同高校を訪問した徳永研究室は、18年4月に行われた甲府市の「信玄公祭り」での連携を提案、三校の協働でみみ料理店を出店した。

こうした拓殖大学と山梨県立大学の対流事業の活動は「教員も学生もみんなエンジョイしていて、拓大プロジェクトの次のステージで何ができるか楽しみにしている」と杉山准教授は言う。

地域を巻き込んだ「カタチづくり」の活動が確実に実を結びつつあるようだ。

ココがPOINT!

卒業生が山梨へIターン就職 まちと大学の「調整役」に！

徳永研究室が活動5年目を迎えた2019年春、第一期ゼミ長を務めた安藤智博が内閣府「地方と東京圏の大学対流促進事業」のコーディネーターとして地方創生の最前線で、実務的なキャリアを積むことになった。

拠点となるのは山梨県立大学「フューチャーセンター Casa Prisma」。地域と大学のプロジェクトをサポートする役割だ。

大学の研究室で「まちづくり」の活動に取り組み、実践経験を活《い》かして、次のステップへ。

これは「学生参加型まちづくり」のロールモデルとなる事例となった。

富士川町役場別館に 「サテライト研究室」が設置されました

拓殖大学国際学部の徳永研究室の「サテライトオフィス」が2019年3月、富士川町役場別館の一室に、新たに設けられた。

「これまでの活動を通じて、かねて役場には『学生たちの町での活動で拠点となる場所』についてどこかご提供いただけないかと打診、協力を仰いできたのですが、このたび町長から快諾をいただき、晴れて役場内に『拓殖大学　サテライト研究室』を設置することになりました」（徳永教授）

広さは、10坪（35平方メートル）の事務室。

「学生たちの拠点だけではなく、地元住民との対話の場や関係する大学、高校との意見交換の場となるように、まちづくりのプラットホームとして有効的に利用していきたいと考えています」

徳永研究室は活動５年目を迎え、拠点づくりも着々と進められている。

山梨県
甲府市

自分を変える対話の場

フューチャーセンターで「新しい価値創造」を始めましょう。

山梨県立大学が甲府市内に設立する、地域住民のための対話の拠点フューチャーセンター。この取り組みは２０１４年に始まった〝南アルプスＷＡＫＡＭＯＮＯ大学〟から連なる「新しい価値創造」を生み出すカタチづくりの挑戦でした。地方創生担当の佐藤文昭特任教授に話を聞きました――。

撮影・有田帆大

地域の価値は、お金や
経済活動ありきじゃないです

山梨県立大学
特任教授
佐藤文昭さん
さとう・ふみあき

1966年札幌市出身。山梨大学地域未来創造センター大学COC＋推進コーディネーター。2019年4月から現職。

甲府市

人口：188,045人
(2019年5月1日現在)
面積：212.47㎢

デンマークで出会ったデザイン思考の考え方

フューチャーセンターの設立については、山梨県立大学のＣＯＣ事業「地（知）の拠点整備事業」（平成25年、文科省採択）の中で提案していたもので、「地域の多様な価値観が集まり、対話を通じて、未来志向で新しい価値を創造していこう」——そんな拠点づくりを目標にしていました。「センター」と付いていますが、初めは施設ではなく対話の場のイメージでした。この原点となっているのは、２０１４年から取り組んできた南アルプス市の次世代リーダー養成講座〝南アルプスＷＡＫＡＭＯＮＯ大学〟の活動でした。

その後、常に対話ができる場所をつくりたい、「場」から「場所」へ想《おも》いがつながり、取り組みがカタチになって実現しました。拠点となる施設「山梨県立大学フューチャーセンターＣａｓａ《カーサ》 Ｐｒｉｓｍａ《プリズマ》」の「カーサ」は「家」で、「プリズマ」はプリズムを意味し**「いろんな考えを持った人たちが集まり、お互いに影響し合いながら場合によっては方向性が変わったり、進むべき方向に影響を与えるような場所でありたい」**——そういう象徴として命名しました。

設立する前に、海外事情を知るために視察へ出かけました。当時、日本国内では民間企業を中心にフューチャーセンターが設けられてきましたが、行政の事例はほとんどありませんでした。国単位でやっていたのがオランダ、イギリス、デンマークでした。各国の行政機関の中の縦割りでやってきた問題解決の方法が限界に行き着いた。「行政と国民との間に信頼関係がなくなった」「問題解決の手法を変えなければならない」。

そんなことが設立の動機付けになっていました。従来の組織の壁を超えて、サービスを再構築していく場。そもそも問題と思っていることが本当に問題なのかを問い直す——その問いから、もう一度、新たな解決方策を考えていこうというのを実験的にやり始めたのが、海外のフューチャーセンターの事例でした。

そして、この海外視察のときに、デンマークで出会ったのがデザイン思考という考え方でした。

私はもともとシンクタンクにいて、行政の政策づくりやその前段階の調査研究をやっていました。「シーズ側」、つまり「サービスを提供する側」から見た視点で物事を議論していましたが、それだと問題の本質はなかなか見えてこない。

そこで「ニーズ側」、つまり「サービスを受ける側」から問題を見つけ出す。

受け取る側の視点で考えて、そこに共感をしていくことによって、新しい解決の糸口が見つかるんじゃないのか。「発想の転換」、そういうことをすることによって、より合意形成しやすくなる。問題の本質が見えやすくなるということが出てくるだろうという考え方でした。対話の場と融合しながら創造的な問題解決を目指すフューチャーセンターの姿がそこに見えた気がしました。

これからの「地域経営の姿」

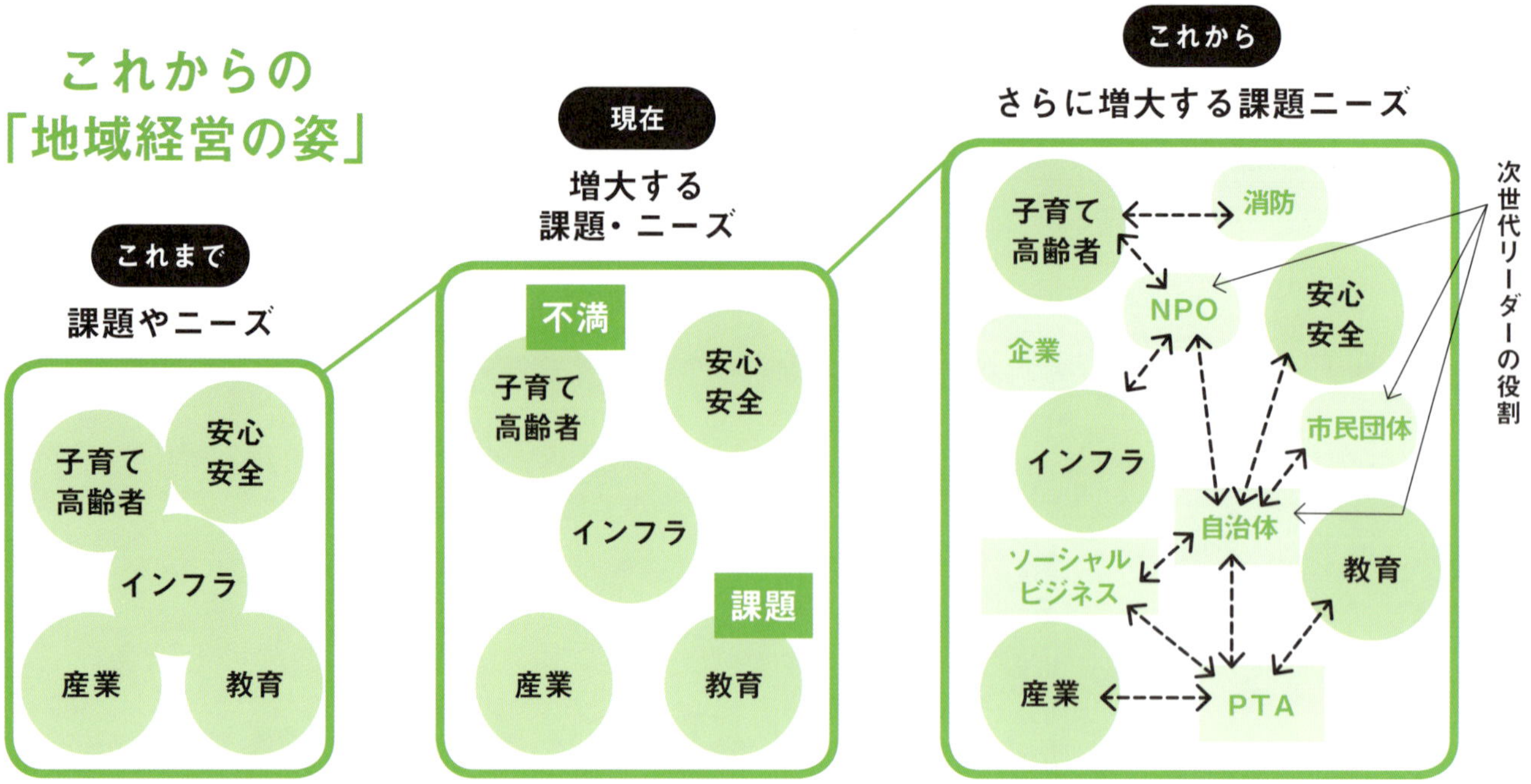

フルセット行政

社会ニーズが増大し
行政サービスが不足

行政サービスを市民活動が連携協力
して経営する地域社会

※この作図は南アルプス市の保坂久さんの資料を元に制作したもの

WAKAMONO大学 その先に地域経営の姿が

次世代リーダー養成講座WAKAMONO大学への取り組みは海外視察から帰国した直後に行われた大学COC事業のイベント会場で、南アルプス市の市役所の担当者との出会いから始まりました。

この講座の考え方は**「行政から押し付けられるのではなく、自らの幸せを追求していく結果として、新たな地域とのつながりが生まれてくる。そんな市民一人ひとりと地域、行政との新たな関わり方が必要」というのが原点**になっています。その先に、これからの地域経営の姿があるというものでした。

そして、この考えを肉付けするヒントになったのが1冊の書籍『自分の小さな「箱」から脱出する方法』でした――。

人って自分に不都合なことに直面すると、自分ではこれは正しいと心の底では分かっているけど、他人から「お前違うじゃないか」と言われると、反射的に自己防衛をしてしまう。お互いにそれを繰り返して、結局、本質的な議論にたどり着かない。「お前が悪い」「アイツが悪い」とか「行政がちゃんとしてないから」「民間のお前らの仕事だろう」なんて対立し合う、そんな状況があります。でも、本当は、お互いを攻めている場合ではなくて、いま問うべき大きな問題は何かを突き詰めるのが、解決への糸口のはずです。

ところが、**実際にはそれぞれの論理を、振りかざしているばかり。それを取り払うためには、「箱から出る」ことが重要**ということが記されている書籍でした。

これは、オランダ視察の際に出会った言葉を想起させるものでした。**「OUT OF BOX（殻を破る）」。「組織の枠を超えて考える、そのために個人を変える」という意味**でした――この二つの考え方が重なってWAKAMONO大学講座の中心テーマにつながりました。

講座が始まったのは2014年でした。講座の主催は行政、運営の中身は県立大学、デザインや情報発信は地元のメディアに委託され、三者の協定により実施されました。

「ロジックは大学で、人集めや巻き込むのは行政、そこにデザイン的な視覚的なものをからめ、情報発信する」――最初はそれぞれの役割を分担しながら、「場」を作っていくやり方をしてきました。三者で結果的にはうまくまわってきた感じです。

こうした活動がフューチャーセンターにもつながっています。（WAKAMONO大学の中で行っている）ワークショップには、そのつどいろんな人たちが集まってきます。

自分たちの問題や関心から、基本的には10回シリーズで開催し、最終的には何かプロジェクトといった、アウトプットを設定しています。

まず地域の中にどんな関心があるのか、問題があるのか。みんなで話し合って興味ある人たちがグループに分かれて、それから地域の問題って何か発表する場がある。最初はなかなかプロジェクトを作らせないんですね（笑）。

意識の共有をずーとやっていって、そこで最後にアイデアを出そう。そろそろプロジェクトをカタチにしていこう。そして最終的な

「フューチャーセンターCasa Prisma」で対話の場づくり。

ニーズから既存の枠組みを壊し新たな転換 それがイノベーションの本質だと思います。

発表をしてもらっている。

そもそもの問題意識とは何なのか。じっくり考える時間をつくる。そこからアイデアを出し合ってカタチにしていく、ソーシャルデザインのプロセスを組み込んでいます。

みんなでたき火を燃やしながらその周りに集まったり、自主勉強会を開いたり、オフィシャルは10回ですが、実際は15回から20回開催していたりする。いろんな実験をしている面があります。

幸福度の総合点はアップ 人との関係性が豊かに

（地域での活動は）**みんなで支援する、みんなで協力する、そんな関係性ができたのが一番の財産です。**

そこでの成果はモノではなく、ヒトだと思います。誰かが何かをやろうと思ったときに、その想いに共感して、一緒にやろうよとか、僕が助けてあげるよと、それぞれのスタンスでできることをやる。協力し合う。そんな関係性ができたことが財産です。

その後も、毎年数回程度WAKAMONO大学は開催していますし、それ以外にも参加した人が頻繁に顔を合わせている。

そういうつながりができて、地域には古いコミュニティもあるが、新しいコミュニティができて、みんなが参加して積み重なっている感じです。

ほかの地域と比較をしたことはないですけど、有名か無名かといわれれば、無名（笑）。なぜ無名かといわれれば何をやりましたとか経済効果といった派手さがない。でも、そこは目指していない。

むしろ、いかに一人ひとりが幸せに暮らしていけるか。それをお互いに考えて共有しながら、やっているコミュニティができているのが価値。それは定量的なモノサシでは測れない、見えないもの。でも、そこにはそういう関係性がある。関わっている人たちの前と比べると、豊かになってきたように感じています。

地域の価値は、必ずしもお金や経済活動ありきではないんじゃないか。精神的に幸福感を実感できているかどうかということも大事なんじゃないか。

地域の中で新たなつながりができている。外部の人たちもいる。移住者の人も。昔からの人たちもいる。むしろ、地域で新たな経済活動を生み出すためには、そんな多様なコミュニティやつながりが必要だと思っているんです。

これからの価値創造 「箱」から出る手助けをする

いまの社会が直面している課題、問題意識として未来志向の価値観への転換が必要だと思っています。少なくとも「このままでいいのか？」「何かが違う」と思いながら、既存の組織や枠組みの中で悩みながら過ごしている人は多いと思うんです。

でも、既存の価値観という「箱」に入ってしまうと、問題が解決できないということは、本当は多くの人が直面していることじゃないのか。

それをどうやって解決するかが、私はまさしく広義の意味での「価値創造＝イノベーション」。新しい科学技術といったシーズから発想するのではなくて、ニーズから**既存の枠組みを壊して、新たなものにどう転換するか、それがイノベーションの本質だと思っています。**

いま「箱」に入ってもがいている人たちが、どうやって「箱」から「固定観念」から出ることができるか。それを手助けしてあげる——それがフューチャーセンターではないか。

光が入って角度が変わるプリズムのように。自分の価値観や方向性が変わって、むしろ可能性が広がるのではないのか。そういう影響を与えられるようになれたらいいなと思っています。

Opinion

【これからのリーダー論】

求められるのは実は「弱いリーダー」です。

昔は「リーダー＝強いイメージ」でした。「俺が、俺が」って、正しいからついてこいというような。でも、いまはそうではなくて「みんなどうする」「どうしたい」。価値観が多様化している中で、「俺が」と言っても「お前じゃないだろう」となってしまいます。
「君はどう思う？」「みんな思っているのはこんなことじゃないの？」と、みんなの意見から方向性を見いだしていく、道を探ることができる人が「リーダー」。決して強くなく、かっこよくない、地味かもしれない。でも、みんなが主体的になれる、自分が主体的に動くことができる、そう思える場をつくれる人。周囲を引っ張っていく人がリーダーではなくて、僕は僕の考え、みんなが協力することによって世界がよくなる、そういう雰囲気をつくれる人がリーダー。弱いかもしれないが、実はそういう人がいて、いまは物事が動いている。求められているのは調整役リーダーです。

山梨県
甲府市

伝統工芸品「甲斐絹」に付加価値

アートとテクノロジーの融合で埋もれた地域資源が蘇《よみが》える。

伝統技法草木染めとインクジェット技法の融合による新たな可能性を模索し、アートとテクノロジーのかけ合わせによる「地域資源の高度化」を研究する山梨県立大学の杉山歩研究室。山梨の工芸品「甲斐絹」に新たな付加価値を吹き込んだ取り組みが見直されています。

インクジェットの技法でうちわと扇子を草木染め

「地域の新しい仕組みやテクノロジーを使って、地域資源をこれまでとは違ったカタチでアップデートさせることは、私の教育研究活動の中心になっています。その意味で、2018年度に関わった甲斐絹（地域資源）のうちわ・扇子の開発と、商品化クラウドファンディングの成功はとても意義深いものになりました」

山梨県立大学の杉山歩准教授はそう語る。古い伝統工芸品と新しい科学技術のインクジェット技法をかけ合わせたアートとテクノロジーの融合により、地域資源に付加価値を与える挑戦は、いま研究室が掲げる大きなテーマだ。

「この発想は、もともと金沢の二俣和紙に、九谷焼の器のデザインをそのままうちわに描いて、インクジェット草木染めの技術を使って製品化したのが出発点。信楽焼や萩焼は土の表情があるのですが、有田焼や九谷焼は絵柄の美しさで芸術的な評価が決まる面があります。茶碗である必要はないんじゃないかと思ったのがきっかけでした。本質的には絵柄そのものが美しいから、ほかの題材でもそれが活《い》きてくるはずだと。ならば、うちわにしてもいいのではないかと発想したわけです。地元の草木を使って、地域資源を別次元に利用できるのではないかという試みでした。これは『インクジェット九谷焼』としてNHKワールドニュース（2015年放映）でも取り上げられました」

この九谷焼の挑戦があって、甲斐絹の商品化にもつながった。

そして地域の新しい仕組みとして、新規事業の資金調達にクラウドファンディング「FAAVOやまなし」を活用した。

「経営母体が大学コンソーシアムで運営されている『FAAVOやまなし』はいま、そのノウハウが全国の大学関係者らの注目を集めているのですが、その中でも『商品化』の案件は珍しいケースでした。**こうした新しいアプローチをすることで住民たちの関心を集め、地場産業を盛り上げることに巻き込んでゆく仕掛けをつくることが、**

山梨に
観光イノベーションを
起こしたい

山梨県立大学　国際政策学部
国際コミュニケーション学科
准教授
杉山歩さん
すぎやま・あゆむ

1979年富士川町生まれ。北陸先端技術大学院大学知識科学研究科助教を経て、山梨英和大学准教授、山梨大学地域未来創造センター特任准教授。2019年4月から現職。

埋もれた地域資源を蘇えらせるときには重要です。今回は地元の山梨中央銀行が寄付集めに積極的に協力、県外からも3割程度の反響があり、成果を上げることができました」

達成率は115％、約58万円の寄付を集めた。

北陸先端科学技術大学院大学の知識科学研究科の助教だった経緯もあり、北陸・金沢とは浅からぬ縁があった。最先端のテクノロジーの情報は、そうしたネットワークによるものである。

行き詰まった時代の先へ 平成の価値観を変える

さらに観光科学とサービス科学による観光サービスも研究課題の一つである。

「日本では観光というと『おもてなし』といいますが、例えば、『仮に山梨にビル・ゲイツが来たら、みんなはどこへ連れて行く？』と学生たちによく聞くんですが、『河口湖へ連れて行きたい』『富士山で写真撮って』と、定番コースを思い付く程度です。逆にいえばそれ以外にすることがない。でも、世界の観光地には、富裕層向けサービスが充実しています。その面では**日本は明らかに観光サービスが未成熟だと思います。それにどうやって付加価値を与えていくかということが大きな課題です。僕は、そこを変えていくために、観光の中に『共体験』という概念を取り入れて、再設計することに力を入れています。**それが観光サービスにつながると思っています」

どのようにして「共体験」は生まれるのか。

「人は誰かと一緒に体験を共有すると心理的な達成感が生まれるのです。お金を払ってでも『みんなでやりたい』、『共同作業』が人に幸福感を与える効果がある。そうした心理作用を観光にも生かせないか。設計できないかと考えているんです。みんなの想《おも》いを理解して、観光へ結び付けることができないかを研究しています」

実は杉山研究室は「観光まちづくりコンテスト」で、2年連続（2016、17年）で観光庁長官賞を受賞した実績を持つ。「観光まちづくり」の専門家でもあるのだ。

新時代の観光サービスの本質 「共体験」で「幸福度」を高めよ

杉山准教授は「人だらけの観光化は意味がない」と話す。

「**いまの日本の観光モデルは、観光地化による経済効果ばかりが喧伝されて、どこも人だらけです。経済効果だけに特化した観光地化は果たして誰のための幸福なのか？** そこがそもそも疑問に感じられるんです」

21世紀型の観光サービスの本質は「共体験」効果による「幸福度」を高めることにあるという。

「いまの世の中は失敗したら、すべて終了みたいな社会じゃないですか。新しいことをしないで、そつなくすることがよしとなっている気がします。

でも、行き詰まっているときには『時代』を変えなければいけない。人と違うことをしなければいけない。もっと道を踏み外すことをしていかなきゃいけないと思うんです。だから僕がどんどんはみ出して先鞭《せんべん》をつけて（笑）。平成の時代は変わらないことが善のような、価値だったようなにも思います。令和の時代は、まず、そこを変えたいですね」

隗《かい》より始めよ——観光をリデザインすることで、山梨に観光イノベーションの息吹をもたらすのだ。

1.北陸先端科学技術大学院大学の助教時代に培った人と情報のネットワークがある北陸・金沢。2.インクジェット九谷焼の発想も北陸から生まれた。3.金沢の二俣和紙から山梨の甲斐絹へ。4.杉山准教授は「まちコン」の観光庁長官賞を2年連続受賞した観光まちづくりの専門家。

超人気「Trip Advisor」の活用
市民たちの事業化プロジェクト
里山ツーリズムをやってみよう。

クチコミサイトの活用による地域ブランディングの実験に取り組む、山梨県立大学の国際政策学部・兼清慎一准教授。地域で立ち上げた市民プロジェクトの事業化へ挑むコミュニティデザインの活動とは――。

ここが
富士山です

ネットとリアルで基盤構築 人が集まりやすい環境に

「南アルプスで外国人観光客向けツアーを実施したい」――そんな地域住民の想《おも》いを事業化する支援プロジェクトが立ち上がったのは2018年6月のことだった。

「そこから月1回のペースで勉強会を行ったのが始まりで、事前のテストツアーを実施したり、ホームページの作成などに取り組み、2019年3月に、事業化のスタートを切りました」

プロジェクトを支援してきたのは山梨県立大学の兼清研究室。NHKの元WEBニュース編集責任者から大学へ転身した経歴を持つ兼清慎一准教授がこう話した。

「僕はもともと、まちづくりの専門家ではないので、どちらかというと『インターネットを地域のためにもっとうまく使おうよ』というのが主眼です。あえてこのプロジェクトのゴールがあるとするなら、それは『市民が好奇心から事業を立ち上げるという経験をすること』でした」

山梨県立大学では、南アルプス市で「WAKAMONO大学」を開設して、地域の課題解決への取り組みを行ってきた。

「南アルプスにある対話の拠点となるコミュニティは、コンピューターに例えると、二つのOS（基本ソフト）のうえに、多くのプロジェクトがアプリケーションとして走っている感じです。その基盤がしっかりしているのが大きな特徴です」（兼清准教授）

兼清准教授によれば、二つの「OS」とは――。

①2012年に開設した南アルプスのFB「南アルプスコミュニティ」

②2014年にスタートした「南アルプスWAKAMONO大学」

南アルプス市では、この対話の場を通じて地域のコミュニケーシ

楽しみながら
プロジェクトを
やりたいですね

山梨県立大学　国際政策学部
国際コミュニケーション学科
准教授
兼清慎一さん
かねきよ・しんいち
1967年生まれ。NHK報道局経済部記者、ニュース番組「NEWS WEB」編集責任者を経て、2015年4月より現職。

南アルプス市

人口：71,880人
(2018年5月1日現在)
面積：264.14㎢

南アルプス市の富士山の見える中野の棚田。飛騨高山で日本トップクラスの集客力のある里山ツアーを手本にして事業化へ。市民たちの「何かをやってみたい」という気持ちを励まし、育み、応援するコミュニケーション活動を続ける兼清准教授。インターネットの活用による地域ブランディングを実証実験中である。

ヨンの基盤がしっかり構築されているというのだ。

「このコミュニティでは、ネット（SNS）とリアル（勉強会）の両面から常に情報がバージョンアップされています。そのためアプリケーションとしての『プロジェクトを立ち上げやすい＝人が集まりやすい環境』にあるわけです。

これまで南アルプスでは多くのプロジェクトが立ち上がって走り出し、行政の支援を受けてきたものもありますが、**純粋に民間の力だけでの事業化を目指したという事例はあまり聞きません。今回の事業化は市民にとって新しい参考事例になる**と考えています」（兼清准教授）

目指すのは気の利いた秘書
市民の好奇心に光を当てる

この企画の最大のポイントはインターネットを介したクチコミの活用による地域ブランディングの実験だという。

「地域コミュニティでのインターネットを活用する動きは広がっています。中には動画が評判になり、まちの知名度が上がる事例もあります。ただ、ホームページだけで情報を発信したとしても、受け手の反応はコントロールできません。そこで、**このプロジェクトで取り組んだのが、持続可能で楽しくて、コントロールが可能で、費用がかからず、アセットとして積み上がり、まちのブランディングに寄与するインターネットの活用方法だったんです**」（兼清准教授）

それが世界的な人気を誇るクチコミサイト「Ｔｒｉｐ Ａｄｖｉｓｏｒ」の活用だった。

「クチコミサイトは活用の方法次第で、外部とのコミュニケーションをコントロールできる可能性がある広告媒体です。具体的には、ツアーはガイド付きで少人数限定で運営し、レビューを徹底的に分析・検証して、ツアーに反映させることで、さらにレビューの質をアップさせ、地域のブランディング化を目指すという方法論を実験しています。これは、飛騨高山での里山ツアーでの成功事例をお手本にしています。日本の原風景である里山を楽しんでもらうというのがこの企画のコンセプトです」（兼清准教授）

南アルプス市の里山ツアーの舞台は富士山の見える中野の棚田。何もないけど、そこにしかない田園の田んぼの中を、のんびり散歩する体験ツアー。料金は7000円以上を想定しているという。

「この立ち上げプロジェクトに参加した学生は10名程度です。ツアーガイド役2名は市民の人たち。ホームページ作成の2名も市民の方たちが担っています。大学側は『何でもできる気の利いた秘書』のような存在を目指しています」（兼清准教授）

大学やスタッフが心がけているのは「市民の中に潜んでいる好奇心に光を当てる」こと。**気付きの機会をつくり、それを育てること。何かをやってみたいという気持ちを励まし、育み、応援するコミュニケーションだという。**

「自治体にネットを使う意味をもっと知ってもらいたいですね。そんなきっかけになればと思っています」（兼清准教授）

地域再生と「やってみよう」という精神で、動き出した市民の手によるツアー事業化計画。世界的クチコミサイトを使った実証実験的な研究活動が、新しい価値を生み出す。

富士山の見える棚田は外国人のキラーコンテンツ

山梨県
甲府市帯那

持続可能な環境づくりの研究

グリーンビジネスを考える 里山の農業体験プロジェクト。

NHKワールドニュースで放映された、山梨県甲府市の中山間地にある帯那の棚田で行われた「大学生たちの農業体験」プロジェクト。グリーンビジネスと持続可能な社会を考える取り組みに、いま注目が集まっています。

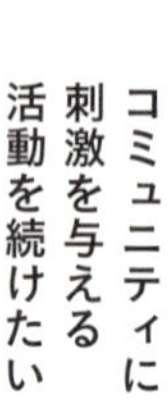

コミュニティに刺激を与える活動を続けたい

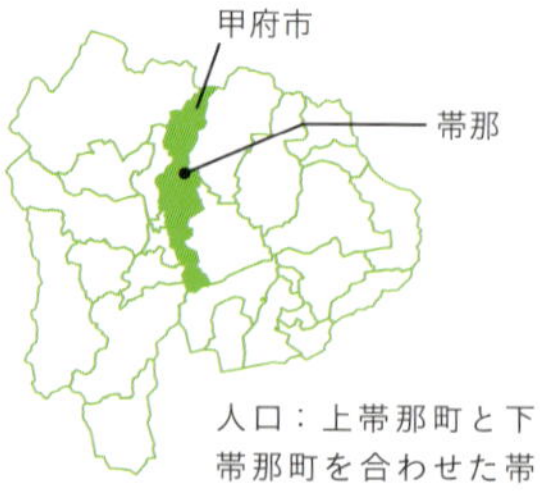

人口：上帯那町と下帯那町を合わせた帯那地区の人口は513人（2019年4月30日現在）

拓殖大学　商学部准教授
デイビット・プルーカさん
1963年アメリカ・カリフォルニア州生まれ。1992年に初来日。2008年から山梨県甲府市帯那へ移住。山梨県観光親善大使。2013年4月から現職。

手作業による田植えと稲刈り 大量消費ビジネスの対極

「大学生たちの農業体験」プロジェクトを実践するのは拓殖大学商学部のデイビット・プルーカ准教授。2008年から山梨県甲府市帯那に移住し、14年から北杜市などでゼミ生たちの農業体験研修を始めた。18年には帯那での田植えと稲刈りの研修風景がNHKワールドニュースで報じられてグリーンビジネスの取り組みが話題になった。

学生たちの農業体験の活動をメディアがニュースとして取り上げてくれたことで、多くの人たちに私たちの活動を知ってもらう契機になったと思っています。

一般には、手作業で行う田植えと稲刈りはとても重労働で、経済的な観点からいえば実用的とは思われないかもしれません。しかし、環境に優しい方法でアジアの主食であるお米を生産する例として、**私はこれらの活動を通して学生がグリーンビジネスの最も基本的なエッセンスを心から理解することができると思っています。**

ただ、その一方で心配しているのは、（NHKが報道したときの）グリーンビジネスについて、アメリカ人准教授が学生に単なる昔の方法で田植えを教えているだけで、その関連性について、視聴者にきちんと理解されていないのではないかということでした。**農業＝グ**

1.「手間と労力を要する手作業で農業をすることがグリーンビジネスの研究につながります」（プルーカ准教授）
2.プルーカ研究室の取り組み事例はNHKで放送されて反響を呼んだ。

リーンビジネスという短絡的な結び付きだけで捉えてほしくないのです。

端的なイメージで伝えるならば、大量消費ビジネスの対極にあるのがグリーンビジネスだといえます。

もっともメディアによって、インタビューを通じ、グリーンビジネスの意義を私の母語である英語で説明するチャンスをもらいました。学生たちもインタビューを受け、環境に負荷をかけない方法で米の栽培をすることの誇りを伝えることができたのは間違いありません。

プロジェクト自体がタフな作業だったので、彼らは自然に対してより大きな畏敬の念を持ったでしょう。きれいで新鮮な空気、美しい景色、蛙やバッタ、トンボや鳥などの小動物に感動した学生もいます。このような自然を大きな都市で見つけることは簡単ではありません。

大学やNHKの番組の視聴者から認めてもらえたことにより、これらの活動には現在、さまざまなところから資金提供やほかのゼミナール、ほかの大学とのコラボレーションなど、より多くの支援の話が寄せられています。この事実は、グリーンビジネスに関するアイデアと学びに関するプロモーション的な意味で、とても良い機会だったと思っています。

破壊のスピードを止める最後の世代ではないか…

「バブル期の日本の経済成長と、この国の高度成長を不思議に感じ、この目で日本を見てみたいと思った」と26年前に初来日。日本の原風景である田舎暮らしに興味を抱いて、甲府市帯那で自給自足に近いライフスタイルを実践している。ゼミの演習テーマは環境ビジネスとグリーンビジネスである。

グリーンビジネスという概念はどのように生まれたのか。

世界史的な視点で見れば、これまでの人類は産業革命以降、職業と商業において「利益すなわち成功」という概念だけに集中してきました。そうした私たちの経済活動と利益への欲求は、環境に深刻なダメージを与えてきたことは間違いありません。

その結果、貴重かつ有限な天然資源は使い尽くされ、石油燃料は経済活動をまわしながら大気を汚染し、大量の産業廃棄物が環境を汚染しました。

環境の破壊は、先進国ではない国々の発展に伴って、さらに地球規模でのスピードを加速させ広が

「これからの時代の環境の負担をいかに減らすことができるか。今の学生たちの世代が自分たちの頭で考えることが大切です」（プルーカ准教授）

学生たちと帯那ブランド！
クラフトビールをつくりたい
「学生たちに自然との直接的な関与を与える田植えや稲刈りのプロジェクトを計画することで、自然を守る意思を持ってもらいたい」（ブルーカ准教授）

商業と社会のマナーを変革 ビジネスの方法を探る学問

っています。

いまの大学生がこうした問題と向き合わないといけない時代になったということです。この破壊のスピードを食い止めるのかペースを遅くするか、それができる最後の世代なのではないかとも思うのです。だから、学生たちには自分たちのやっていることが本当に環境にいいのかどうか、自分の頭で常に考えて、行動に移してほしいのです。

グリーンビジネスは地球の存続が危うくなっているという感覚が大きくなる現状に直面して、**専門家たちが商業と社会のマナーを変えようと改革を推し進めている活動でもあります。**したがって、グリーンビジネスは、ビジネスのより望ましい方法を探る学問だと説明できるかもしれません。

そして、当たり前の企業活動の代わりに、地域の環境を守り、より持続可能な未来を導くために、積極的な配慮をするという意味で、ビジネスの方法の変化を実践するのがグリーン企業といえるでしょう。

甲府ではグリーンな生活実践 リサイクルと野菜の自家栽培

環境への配慮に積極的な企業だと評価されるのは、従業員に「3R」と呼ばれるリサイクル、リユーズ、そしてリデュースするよう教育、奨励する企業です。

グリーンビジネスの例として、オフィスのコピー機で再生インクのカートリッジを使用する、あるいは一般的なプラスチックカップの代わりに100%リサイクルできる紙コップを使うようなことも一つです。また、自家用車で出勤するのではなく、従業員に対する公共交通の利用の奨励も同様ですね。グリーンビジネスとして業界全体の例となるものには、自動車産業がガソリン車よりも電気自動車に投資、生産を行おうとしていることが挙げられます。

私にとってのグリーンビジネスとは、私は大学教員なので、環境に目を配りながらビジネスを行うためのあらゆる方法を教えようと心がけています。私は学生に研究プロジェクトを与え、彼らは企業による環境への影響を分析しています。この中には**最新のイノベーションに関するものもあり、特にエネルギー消費に関するものが多いです。**石油や石炭といった化石燃料を燃やすことは特に環境への影響が大きく、エアコン利用の抑制やLEDライトの利用、紙の利用の抑制といったあらゆるエネルギー政策はすべてグリーンビジネスの実践であり、学生たちにとっても分かりやすく認識されます。

個人的なことですが、私は〝ペーパーレス教員〟（紙を使わない教員）です。学生にはインターネットを使わせ、彼らのプロジェクトは紙媒体での提出はなく、USBに保存させます。

山梨で田植えや稲刈りのようなプロジェクトを計画することで学生に自然への直接的な関与を与えたいと考えています。

学生たちを都会から自然豊かな環境に連れて行くことで、彼らの自然に対する感謝を高め、願わくばいかなる方法でも彼らに自然を守りたいという意思を持ってもらいたいと思っています。

学生が甲府にある私の自宅に来ると、私自身がグリーンな生活を実践していることを理解します。私は自ら手作業でたくさんのリサイクル素材を使って自宅を建てました。冬にはリサイクル木材をヒーターの燃料として利用し、夏には屋内を冷やす通気装置となるよう機能的に窓を配置しました。

私はほとんどの野菜を自家栽培で育てています。化学肥料は一切使いません。地下水を利用するために、私は古い井戸を修復しました。私の実践の例を学生たちが見れば、グリーンビジネス理解の助けとなるでしょう。

山梨でプロジェクトを継続し刺激を与えるモデルづくり

何でも自分でやる日本の里山の生き方に惹かれて、持続可能な環境で暮らす帯那生活がスタートした。そんな生き方に共鳴する帯那ネットワークも広がりを見せている。

私は帯那の棚田の所有者でありよき理解者である末木淳さんや、彼のように自然とともに生きる生活、地元の田舎の生活スタイルを広めたい人とつながりを深め、山梨でプロジェクトを続けていきたい。

そのために**帯那に「ゼミナールハウス」をつくりたい。**4月から帯那で250坪の土地をレンタルする契約を結びました。学生たちはここに無料で宿泊して地域で活動することができるようになります。自分の土地に学生たちの拠点をつくりたかったのです。

私は大学のプロジェクトで学生たちが育てたホップからクラフトビールをつくりたいと思っています。「帯那ビール」。例えば、クラウドファンディングを使って資金調達する方法もあるでしょう。ビアガーデンをこの土地につくって、留学生たちの国々、ミャンマーやインドネシア、ベトナムなどの料理を振る舞うのもいい。帯那の人たちにも参加してもらって楽しみながらやるのがいい。ワークショップを開いたり、帯那でイノベーションを起こしたい。

いまの地域や地方には仕事がないから、仕事をつくることによって、地域の活性化も図れる。

私の願いは、帯那の地元コミュニティのより多くの人をこれらのプロジェクトに巻き込み、これらのプロジェクトをより強固なものにすることです。

そうすることで、我々が単にグリーンビジネスを考えながら持続可能な生活を実践するだけでなく、ほかの人々にも同様にコミュニティを改善し、さらに発展させる方法を考えてもらうための刺激を与えるモデルづくりになると思っています。

Column

人工知能「グリーンAI」で新しい働き手の創出を

「農業と持続的な環境づくりに関する最新事例リサーチ――『グリーンAI』と呼ばれる、環境分野で用いられる人工知能の有用性についての調査を行いました。キュウリ農家の子息が独自にAIを利用し、熟練経験者である実母のように経験がないと判断ができないキュウリのサイズの仕分け作業を、初心者でも一日で区別できるようなプログラムを構築した例でした。

これにより『水やり10年』という言葉がある農業において、熟練者の経験と勘に頼られて支えられてきた作業を簡素化することで、初心者でも新しい働き手として参入しやすくなります。代替性が生まれたことで、ベテラン農家に一極集中していた負担を軽減し、体調面で供給が左右されるような不確実性を回避できるようになります」

（拓殖大学商学部・山本優）

「山梨での農業体験は北杜市から始まり帯那へ。18年秋の稲刈りでは国際学部や山梨県立大の学生も参加して、活動の輪は広がっています」
（ブルーカ准教授）

山梨県
甲府市帯那

日本の里山「食と農業」をプロデュース

もっと知ってもらいたい！「帯那ネットワーク構想」とは。

山梨県甲府市北部の中山間地域にある帯那。その地名は「山あいに帯のように開けた土地」から名付けられたという。約400年前から続く棚田で、地域再生に取り組む、次世代リーダーが想《おも》い描く「帯那ネットワーク構想」——。

新しい地域農業の方向性 付加価値の高い生産物

（拓殖大学の）プルーカさんとの交流は、甲府市内の飲食店で偶然隣り合わせになったことが始まりでした。帯那に住んでいると分かり、話を聞いてみると「グリーンビジネスをやっている」と言う。酒席が盛り上がって「何か面白いことやりたいね」と、そんなことが二人の関係のスタートでした。2018年に初めて行った、大学生たちの田植えや稲刈り体験の提案も、喜んで受け入れることにしました。

——そう語るのは山梨県甲府市帯那地区で18代続く棚田の所有者である末木淳さん。26年離れていた故郷に戻り、帯那の地域資源を再発掘し、独自のネットワークで「食と農業」をプロデュースする地域活性化の活動を続けている。実父は帯那地域活性化推進協議会会長の末木英明さん。

大学を卒業して東京に就職したのですが、そのときに思ったんです。「先祖から受け継いだ畑、山々は捨てられないなぁ」って。父親からは「そんなことは自分で決めればいい」と言われましたが、どうでもいいやとの結論にはならなかった。どこからか天の声が降ってきたように「帯那は捨てられない」と。それがそもそもの（帯那へ戻って地域活動をする）スタートでした。

——次世代リーダーの末木さんはいま、地域再生プラン「帯那構想」を模索しているという。

帯那の風景は昔もいまも大きな変化はありません。甲府の中心部から車で15分ほど、都心からも2時間のところにこんな素晴らしいところがある！（気になる方は「オビナモード」を検索）。ただ残念なことに地域の人たちは、この地の素晴らしさを感じていない。ここで生まれて育って、日常の生活を繰り返しています。この土地を離れて、違う場所で暮らした人がほとんどいないから、この地の魅力に鈍感になっています。逆に、ネ

未来志向の地域農業を目指したい

公益財団法人
やまなし産業支援機構
プロジェクトマネージャー
末木淳さん
すえき・あつし

1965年甲府市生まれ。山梨総合研究所を経て、2017年から現職。ロトンドインターナショナル合同会社ゼネラルマネージャー。

ガティブな発想の方が強いのではないかと。それが地域の人たちのいまの意識の問題かもしれません。野菜やコメを作っても、自分で食べたり、親戚に分けたり、農協の直売所で売ったり人それぞれ。

地域農業は産業面だけで考えたら300坪の田んぼで1年かけてお米を作っても6～7万円にしかなりません。生産性や土地効率は極めて悪いんです。そもそも、個人農業・地域農業は、米でも野菜でも耕作しようが、しまいが、何を作ろうが、農地所有者の勝手なんです。畑では時期時期にどこの家でもだいたい同じものをちょこっと作っている。これが現状なんです。

帯那の田畑は約40丁歩あります。これを一元的にマネジメントして、季節ごとにさまざまな作物を計画的に作付けしていく。そうすることによって、地域農業は新しい方向性を見いだすことができると考えています。

現在、東京・広尾の人気イタリアンのオーナーシェフと事業化に向けた準備を進めています。流通業者、料理人たちとの交流を持ち、情報を交換することにより、付加価値の高い作物、売る側が売りやすい作物を地域全体で生産する取り組みです。そして、帯那にも腕利きの料理人を呼び込み、地域の農作物を使ったおいしい料理を提供するお店を5～6店舗つくりたいと考えています。名付けて「ファーマーズ・アンド・シェフズ・リゾート！」。これが私が考えている「帯那構想」の概要です。でも、「それは妄想だ」「そんなことしなくても年金もらって困らん」と笑われる（笑）。食の関係はみな職人の世界、そのネットワークがつながれば可能性はもっと広がるし、広がりつつあります。そう説得しながらビジネスベースでまわすことを考えています。

日本の稲作文化や歴史原風景を伝えたい

農業体験をする大学生たちとの交流は継続的な関係にするために、明確な目的を持たせて臨めるようになるのが理想と、その可能性を語る。

（農業体験した）学生は楽しそうで、よかったなと思っています。ただ、一過性の体験だけではなく、継続的な取り組みにしたいと考えています。例えば、留学生が多いので、日本の稲作の文化や歴史、こうした中山間地域、日本の原風景の中にある昔の生活やコミュニティやムラ社会、山里の生活などを、幅を持たせて、伝えていきたいと考えています。

長野県
塩尻市

世界に誇る「SHIOJIRI」戦略
ICT先進都市「センサー通信網」で行政イノベーションを目指す。

ICT先進都市・塩尻は、行政イノベーションを進めるトップランナー。独自開発した情報通信網で行政の未来像を変える挑戦が続いています。

独学でプログラミング習得 先駆的な地域経営の原点

「塩尻は、長野県の県央部に位置し、古くから交通の要衝で、奈良井宿、塩尻宿など中山道の宿場町として栄えてきました。京都や江戸から街道を往来する人々が当時の情報をこの宿場町に置いていきました。そういった地理的な背景もあって、塩尻は昔から情報に敏感な土地柄、意識が住民に培われてきたのだろうと思います」

そう語るのは長野県塩尻市企画政策部参事の金子春雄さん。**塩尻市は全国でも有数の「情報通信基盤」が整備されたまちづくり事業を進める先進事例の自治体**として注目を集め、「世界インテリジェント・コミュニティ」の一つにも選出されている。

この「世界のSHIOJIRI」の基盤整備に初期段階から携わってきたのが金子さんだ。塩尻市の情報通信基盤ネットワークは金子さんの技術力によって構築されてきたと言っても過言ではない。現在はCTO（最高情報技術責任者）として政策の企画アドバイザー的な立場に就いている。

塩尻は、養蚕から発展し、精密機器や時計、そして、いまは大手IT企業が拠点を置く城下町として、技術者や研究者など情報感度の高い住民が多い土地柄である。

世界に誇る塩尻の情報通信インフラ整備の変遷史について、金子さんがこう語る。

「塩尻市が情報通信基盤整備を本格的に始めたのは1996年からでした。市が事業者になって市営のプロバイダを独自につくり、会員数が1万人を超えたのは、市営のものとしては全国初の事例となりました。当時、プロバイダをつくる話をしたときに、ある企業の見積もりで『10億円です』と言われたのですが、オープンソースの技術を使って、10分の1以下の5400万円で独自につくることに成功したのです」

高額な開発費を低予算に抑える離れ業を可能にしたのは、金子さんが独学でプログラミングの技術を学んだ自前の精神に基づく現場力だった。

この市営プロバイダ事業を皮切りに、2000年には光ファイバー網の整備。そして、2006年には信州大学との連携による「地域児童見守り」のシステム開発プロジェクトで、「世界一のアドホック無線ネットワーク」を構築した。この事業をきっかけに市内に640台の中継器が設置されたことで、いまの情報通信の基幹が整った。

塩尻市はいま「ICT街づくり推進事業」で情報の見える化を実践している。市内に張り巡らされたアドホック通信網を駆使した「センサーネットワーク事業」は全国の先進事例である。始まりは「児童見守り」のシステムだったが、いまでは、センサーによる次の多様な行政サービスに発展している。

①鳥獣対策の見張りシステム
②豪雨後の土中水分の推移
③温度環境データの観測数値化
④橋梁の振動計測

金子さんはこう話す。

「センサーの応用範囲と利便性が高まり、利用範囲が拡大したわけです。この通信網でいろんなもの

塩尻はもっと強い「スマートシティ」になります

塩尻市役所　企画政策部参事
金子春雄さん
かねこ・はるお
1961年塩尻市生まれ。1979年塩尻市役所入庁。現在、CTO（最高情報技術責任者）。総務省地域情報化アドバイザー。

人口：67,193人
(2019年5月1日現在)
面積：290.13㎢

古くは宿場町として栄えた「塩尻」はいま情報通信の独自ネットワークで注目を浴びている（写真は、中山街道奈良井宿）。

がつながる。そしてそれらの**情報データが蓄積されて、さらなるビッグデータになって行政サービスの可能性が広がっています**」

ICT先進都市は独自の通信技術を駆使して、地域産業の振興から人材育成まで、幅広いまちづくりで地域資源の創出を進めている。こうした先駆的な取り組みを生み出す塩尻市の地域経営の原点は何か。

「塩尻市は昔から、『事業部制』の考えに基づき予算を組んできた伝統があるんです。**自治体でありながら、企業経営と同じように、常に『事業名目』を設定し、目的を明確にして事業を進めてきました。そうした行政マネジメントの考え方が職員たちの意識の根底に染み付いているのです**」

金子さん自身、「なんでも自分でやらないと気が済まない」と笑顔で話す。

地方の人手不足は深刻 人海戦術の見まわりは限界

しかし、その一方で「自治体2040年問題」に直面する行政マンとしては、行政の未来は楽観視できないと危機感を募らせているのも事実である。

「これからの公共行政サービスは縮まっていきます。そのときに小さくならないようにどう工夫するか。**ICTやビッグデータを使った効率的な技術を使わないと、地方は生き残れない。人間がやることをセンサーに替えていかなければいけないと思っています。**

例えば橋梁の振動などの確認も、いまや現場で技術の分かる人たちはもういないんです。塩尻には258の橋がありますが、人海戦術ですべてを見まわりすることはもうできません。全国的に考えてもこれは大きな社会問題なのです」

いまの地方創生の時代をどう捉えるか。

「長野には道普請の歴史が昔からあります。私なりの解釈では、地方創生は昔に戻るだけ。自分のことは自分でやる。江戸時代はそれで暮らしていた。

これから次世代通信規格の5G時代になれば、さらに大きな変化が起こります。一つのインフラに固執することなくバラエティに富んだ強いネットワークになれば、防災にも強いスマートシティになると信じています」

ICT政策による行政のイノベーションを推進する塩尻。先導役のトッププランナー公務員が描く「未来の行政」の行方に耳目が集まる。

1.塩尻市振興公社が運営する地方創生や地域の起業家育成などの拠点「スナバ（松本広域圏イノベーションプラザ）」が18年8月にオープン。地域の課題解決や新たな価値創造、さらに事業の創出につながる「人と人を結び付ける」活動拠点となっている。2.「塩尻インキュベーションプラザ」は産学官連携による「ヒト・モノ・情報」の交流する拠点

岩手県
釜石市

挑戦する人の〝トライの連鎖〟をつなげたい

自分でふるさとをつくる――これからは 哲学の時代です。

震災から8年――。復興と地方創生の最先端をゆく釜石市のオープンシティ推進室室長の石井重成さん。挑戦を続けるまちづくりのこれからについて、話を聞きました。

50年間で60%の人口減少 700人以上の市民と対話

釜石市は、地方創生の戦略の中で、どうやって人口減少を緩和していくのかという話に加えて、「つながり」をつくっていくことで、経済やコミュニティを強くできるのではないかということを、3年前に宣言して、試行錯誤を重ねてきました。

そもそも釜石市は、震災前からすごく人が減っていて、50年間で60%の人口減少を経験した、全国でも数少ない数万人規模のまちなんですね。製鉄所が最盛期の頃は社員が1万人いて家族を含めると3万人いたんです。当時の人口が10万人いた時代とは異なるまちづくりをしていかなければいけない。震災はある意味で、釜石が抱えていた課題を顕在化する要因にもなっています。

最初は壊れたものをどう直すかという話をしていたんですが、時がたつにつれて、そもそも何が課題なのか、われわれが向き合うべき根本的な問題は何なのかということになってきた。

ちょうど被災地では非常時のまちづくりから、平常時のまちづくりへ、少しずつシフトしていく必要があるタイミングで、今度は国から「地方創生まち・ひと・しごと」という話がきたという側面があるわけです。

「地方版総合戦略」をつくったとき、国が各自治体に1000万円ずつ、計画をつくるために配ったんです。そうすると何が起きたかというと、東京にあるシンクタンクなどに、戦略の策定を依頼する委託が一斉に出るという事態が起きたんです。**地方の自立的な発展を目指すためのお金なのに、それが東京の企業にしか落ちないという、そういうパラドックスを感じました。だから、釜石市はそういうことをしたくなかったので、全部自前で戦略をつくりました。**

35歳以下の若手市職員25人と有志の市民25人の50人でワーキンググループをつくって、5時間のワークショップを7回やって、原案をまとめ、その後700人以上の市民と会話して、「オープンシティの戦略」の原案ができたんです。それをWEB上で分かりやすく伝えるということに、500万くらい使いました。で、数百万余ったので国にお返ししました。

オープンシティ戦略とは**「人が減っていく社会情勢において、釜石がどう自立的なまちをつくっていくのかという問いに向き合うための指針であり、戦略」**です。キーとなる考え方は「つながり人口=関係人口」と呼ばれる、釜石に関わりを持ってくれる外部の人や企業を増やし、そのつながりを地域の経済やコミュニティに還元していくというサイクルをつくることで、まちを発展させていくという戦略です。

高校生に多様な生き方を 地元就職率10ポイント上昇

いまオープンシティ戦略の中で注力している施策の一つとして、創業したい人を地域に呼び込む取り組みを「ローカルベンチャー」という名前で行っています。「地方で起業しましょう」と呼びかけています。全国11の自治体と協議

1

釜石市総務企画部
オープンシティ推進室室長
石井重成さん
いしい・かずのり

1986年愛知県生まれ。経営コンサルティング会社を経て、東日本大震災を機に釜石市に移住。2015年より現職。

オモシロイ人のところに面白い人が集まるんです

人口：33,414人（2019年4月末日現在）
面積：440.34㎢

「オモシロイ人のところに、面白い人が来る」――「補助金じゃない人の動かし方はあり得ると思います」と石井さんは言う。

会をつくって、**小さいけど尖った地域同士、例えば岡山・西粟倉村や島根の雲南市など、地方創生で名前が出た数万人規模のまちが組んで、北は北海道から南は宮崎まで、連携しています。**都内でまちのPRイベントをするときも、単独市町村で人を募集するよりも、面白い地域だけで集まって告知した方が人は来てくれるんですよ。

「地域で創業しませんか」という取り組みを始めて2年。釜石大観音さまがある、初詣には大勢のお客さんが来る通りがあるんですが、地元ではガラガラのシャッター商店街。その商店街を再生する取り組みが、ローカルベンチャーを通じて始まっているんです。民間資本のコワーキングスペースやゲストハウスが誕生し、地元の飲食店も経営を再開したり、新たなカフェのオープンが企画されていたり、若い人が空き家になった商店街に移り住んで新しい事業をつくっていく流れができつつあります。

長期目線の取り組みとしては高校生向けに地域内外の「多様な生き方を紹介するプログラム」＝「釜石コンパス」を毎月のようにやっています。高校から5時間ぐらいの授業枠をもらって、地元企業経営者や行政関係者、NPOの人たちなど30人程をお連れして、高校生6人～8人と大人1人が1時間くらい対話するセッションを重ねます。

釜石には大学がないので、卒業して出ていく高校生が一定数いる。ただ、**高校生は地域のことを知る機会が少ない。どんな会社があるかも知らない。地域の大人たちは、高校生たちが外に出る前に、釜石の企業のことをもっと知ってほしいと願っています。**ワーキンググループで挙げられた最も多かった意見の一つでした。こうした取り組みを始めて4年、これまで延べ3000人の高校生と500人の講師が参加し、高校生の地元就職率が10ポイント以上、上がりました。成果が出てきています。

こうした取り組みは、**挑戦する人が増えていくための「仕掛けづくり」です。釜石はラグビーのまちなので、最近「トライ」ってよく言っています。みんながトライしやすい環境をつくっていけたらいいなと。"トライの連鎖"ですね。**

オモシロイことをやっている人がいると、自然と人やお金が集まるんですよね。「オモシロイ人のところに面白い人が来る」――企業誘致みたいに、この工場を連れてきたら100人雇用できるということではないですけど、草の根的でありボトムアップであるけれども、補助金ではない、人の動かし方はあり得ると思うんです。

移住したら50万円もらえるという理由で移住するタイプの人は、ほかの地域が60万出したらそっちに行く可能性が高い。でも、あの人と一緒に仕事をしたいとか、このプロジェクトをやりたいと言って移住する人は、その地域や人にロイヤルティを感じてくれる。

私は60人ほどの首都圏のビジネスパーソンに対して、釜石に移住する機会を提供してきましたが、

1.拓殖大学は釜石市と包括連携協定を結んでいる。2.シャッター商店街を再生する「ローカルベンチャー」の取り組みが始まっている。

それは60人に対してプロモーションを打っているのではなく、一人ひとりに対するコミュニケーションを60回まわしている感覚に近い。どちらかというと、私の政策はミクロな視点が起点になっているものが多いのです。

釜石の最新の人口統計を見ると、5年前の推計と比較して、2040年時点の将来人口推計が1800人くらい改善しています。これは三陸沿岸ではほとんど見られない事象で、いろいろな取り組みをやってきた成果がマクロ的（統計的）にも出てきているのだと思います。

もちろん、目に見えない地域の土壌が耕されてきた部分があると思いますし、Uターンの多様化や、釜石にいずれ戻りたいという声を次世代から聞く機会も増えました。

釜石と関わる文脈を更新 生きざまと「まちの理念」

地方創生の取り組みには地域によって温度差があるし、そのモチベーションも自治体によって違います。国が付けた施策の名前のままのところはトーンが下がってきますよね。国が言わなくなると、その自治体も言わなくなる。

釜石は国の戦略「まち・ひと・しごと」を「オープンシティ戦略」と、自分たちの理念で呼んでいます。「まち・ひと・しごと」だけで呼んでいる地域、国の看板でやっているところは自らの理念を探求するプロセスを放棄しているのかもしれない。**実現したいことを戦略の名前の中に落とし込んでいる地域には意欲を感じるし、国が言わなくなったらやらないという地域には、モチベーションも能力もない。当然、そこに差異は生まれてくると思います。**

東京などで情報を得る側から考えると、「移住しませんか」という地域の情報発信ってこの数年間ですごく増えているんですよね。ちょっとおなかいっぱい感があるかもしれない。

玉石混合の情報があふれる中で、健全に判断するモノサシもないですからね。そもそも、人口問題って、隣町から人が来て、こっちが増えてあっちが減って、だけでは意味がない。

要はこれから何を指標としてまちづくりを行っていくべきかという本質的な問題なんです。僕自身もいまも悩んでいるんですけど、**人口減少時代——日本全体で人が減っていく時代において、まちづくりの根底に置くべき本当の指標って何なのか。これまでは「人口」は一つ重要な要素だった。でも、それに限界が来ている……。**

いま私が釜石で大事にしている指標は、「あなたは復興していると思いますか」という主観的復興感と、「あなたは自分の友人や家族を呼び込みたいと思いますか」という意識調査です。

自分の大事な人を連れていきたいと思える環境をつくっていきたい。自分の息子や娘に対する発言に地域の肯定感が出ますよね。「いずれ釜石に帰ってこい」というお父さんと、「釜石は何にもないから早く出ていけ」という両方がいるわけで、進路・進学はもちろん本人が自分の意思で定めることですが、環境としては、前者のお父さんが多い地域の方が魅力的だと思うんです。

2004年に起きた中越地震の復興から学んだのですが、市民のまちづくりに関わっているという実感と、主観的な復興感には相関関係があり、釜石市が行った市民意識調査でも同様の結果が出ていて、市民参画の本質がここにあるのだと思います。

そして、次世代に対する情報発信としては、自分の地域でかっこよく暮らすイメージが湧くかどうかですよね。田舎だけどこんなに面白い暮らしができるんだとか、

ワールドカップの東北唯一の開催地として「TOHOKU」の姿を発信したい。

人口減少時代——まちづくりの根底の指標
これまでの「人口論」だけではもう限界が…。

釜石でこんな事業ができるんだとか。将来は地域に戻りたいという次世代に、大人たちがその背中で多様なロールモデルを示すことのできる地域こそ、「持続可能な地域」なのでしょうし、私自身もその一人でありたいと思っています。

「いまの時代のまちづくり」に、哲学が必要だと思うのは、人が減るまちの指標をどう捉えるかという政策的な議論もあるし、「文脈＝コンテクスト」とも呼べるとも思えるんですけど「なぜ釜石に関わるのか」という意味付けを絶えず更新してく必要があるからじゃないか——。

震災から3年くらいまでは頼まなくてもいろんな人が来て「何かできませんか」って言ってくださる状況があって。でも、5年目くらいに、どんどん引き揚げていく企業や人が増えていきました。いまはもう東京で東日本大震災の話をすることってあまりないと思うんです。そういう状況下において、**釜石と関わる文脈や意味付けをどうやって更新し続けるのか。その文脈こそ哲学だと思うんですよね。自分の生きざまを通じて、「まちの理念」を体現したいというか。**

釜石市ではオープンシティ戦略に基づいて、「釜石コンパス」のほかにもさまざまなプロジェクトで、挑戦する人を増やす仕掛けづくりが行われている。

「人の奪い合いやめて」
東京と地方の双方向の関係

僕は、「ふるさと」はつくるものだと思うんです。僕は釜石育ちでもないけど、震災前は全く縁がなかった地域でも、自分でつくってきたから大切に思うんですよね。東京生まれ東京育ちが増えていくことによって、地方への関心が高まっているという——一見すると矛盾する現象が起きている中で、**自身の居場所や役割を感じられる場所を「ふるさと」と呼ぶとすれば、それは自分でつくれる、つくるものであった方が、個人にとっても、地域にとってもいいんじゃないかなと思うんです。**

ふるさとは何個あってもいいんじゃないですか。三つあっても全然いいと思います。僕はもともと田舎が嫌で上京したのに、気付けば、故郷よりもずっと田舎に来て、まちづくりに携わっているわけです(笑)。

東京にいると、高齢化や人口減少とか言われても、ピンとこない。渋谷のスクランブル交差点にいても感じないじゃないですか。地方に行けば、当たり前のように商店街のシャッターが閉じていて、病院やスーパーにはご高齢の方が多くを占めていたりする。でも、地域社会の課題というのは、本当は行政や政治に任せっきりにするのではなく、個人や企業が関わることのできる「余白」でもあるわけです。

僕は大企業のビジネスパーソンはみんな2年くらい地方のまちづくりをやってみればいいと思っています。同じ現象を見ても、風景が変わります。

そういう文脈で地方が人を育てる場所として活用していけると、単に人を奪い合って引っ越しさせるだけじゃない、東京と地方の双方向の関係性がつくれると思いますけどね。

理不尽なことも多いじゃないですか、地方って(笑)。非合理的なこととか、関係性が近い中でのフィードバックとか。地方の現場で、自身のオーナーシップによって、何か事を動かすという経験は、かけがえのない苦労であり、全人的な成長機会になります。

「地方のムラ社会」みたいなしがらみは変えられるというのが、僕が7年やってきた実感です。というか、お互い変わってきます。僕も本当に多くのことを学ばせてもらっているし、変わり続けている。都市と地方の垣根がなくなり、もっと自由に行き来できる状態がつくれるといいですね。

釜石市は２０１８年に「オープンシティ戦略」を改定して「まち」として国連が採択した「ＳＤＧｓ(持続可能な開発目標)」への貢献に適応する形にしました。地方版総合戦略にＳＤＧｓを組み込んだのは、国内自治体で初の試みだったと思います。

ＳＤＧｓによって、多様なパートナーシップを育みながら、国際社会にも貢献していく。インドネシアのスラウェシ復興に対してＳＤＧｓに取り組んでいるまちとして協力を行っています。

２０１９年はラグビーのワールドカップ。東北唯一の開催地として、復興したＴＯＨＯＫＵの姿と、釜石の〝トライの連鎖〟を発信していきます。

宮城県
南三陸町×ラオス

その時学生たちが動いた！

フェアトレードでつなげる「ミッタパープ」の地域支援活動。

南三陸町とラオスをフェアトレードの精神でつなげる、拓殖大学の学生有志が行う「Mittapharb（ミッタパープ）」という地域支援活動。学生主体の真のボランティア活動による取り組みとは——。

大震災直後の石巻から南三陸、そしてラオスへとつながるボランティア活動（最前列の左端が新田目教授）

東日本大震災がきっかけ 国際学部卒業生が農村支援

「成り立ちは2011年の東日本大震災がきっかけです。拓殖大学の学生数名が被災地支援をしたいという想《おも》いでボランティア団体を立ち上げました。震災直後は、被災地の石巻を中心に支援活動をしました。その後の活動の中で南三陸のミシン工房の人たちとのつながりが生まれました。ラオスとのつながりは、青年海外協力隊短期隊員として国際学部の卒業生が派遣され、農村支援を行っていたことがきっかけです。ラオスの農村と、震災後の南三陸をつなぐ地域支援が同時にできないかと考えたことが『ミッタパープ』の始まりでした。**ミッタパープとはラオスの言葉で『友好』という意味です。『日本とラオスの懸け橋になりたい』——そんな想いがこの活動には込められています」**

そう語るのは、「ミッタパープ」の代表である遠藤実花子だ。

この「ミッタパープ」の活動の母体は、震災直後の2011年3月に組織された「TVT（拓殖ボランティアチーム）」。「ミッタパープ」はTVTが行う地域創生の海外版として、2013年から活動が始まった。

TVTのメンバーの数は現在、総勢57人（平成30年度は1年生50人・2年生7人）。活動の主な内容は、ラオスで特産品の布を買い付けてから、南三陸のミシン工房で「加工→商品化」して、日本の国内で販売する、海を越えて二つの地域の支援をするソーシャルな運動である。

被災地支援と「一品一村運動」活動拠点はホアイフンタイ村

特筆すべき点は「あくまで学生たちが主体的に行動を起こしたこと。大学の先生たちは、彼らを後方支援する立場で関わってきた。震災直後の活動では、学生たちから逆に学んだ部分が多かった」と国際学部の新田目夏実教授は語る。同教授はボランティア組織の顧問として学生たちの活動を見守ってきた。

新田目教授はこう話した。

「ラオスの活動拠点のホアイフンタイ村は、国際学部卒業生の清水理栄さんが青年海外協力隊員として一村一品運動を展開してきたフ

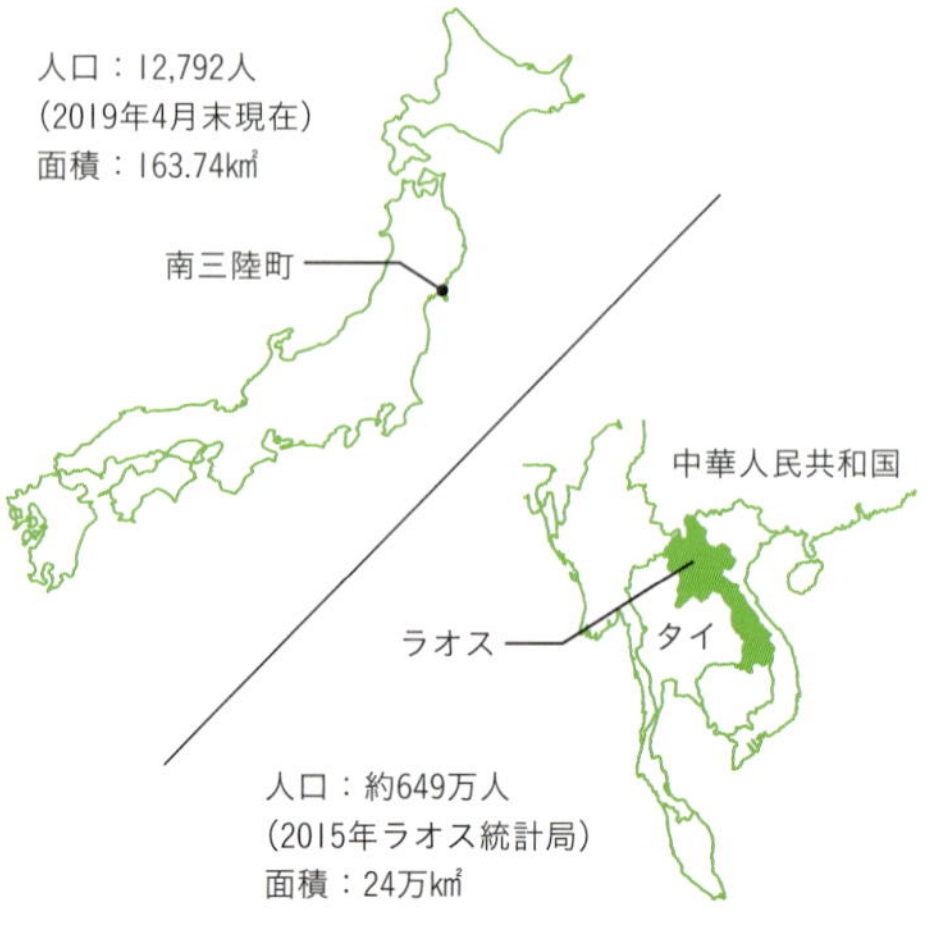

ィールドでした。2013年に、国際協力機構（JICA）の新しいプログラムとして現役大学生を短期間派遣するプランが持ち上がり、拓殖大学が全国の大学で初めて、青年海外協力隊員として現役学生を派遣しました。それがラオスのホアイフンタイ村。そしてその派遣学生第1号がTVTのメンバーでした。

南三陸のミシン工房とのつながりは、TVTの東日本被災地支援の過程の中で知己を得たものです。

このミシン工房は、震災後の地元の主婦たちの雇用機会をつくっていた場所でした。そこに**ラオスの一村一品運動が結び付いたものです。『フェアトレードの精神』に基づき、村の布を直接買い付けミシン工房で商品化することにより、被災地支援と同時にラオス農村の生活向上を目指すのがこの活動です。**

学生たちが起点になった、いわば三角貿易のような図式。学生が主体になって始めた試みとして、非常に珍しい事例だと思います」

先輩が道筋を付けた後、いまのメンバーたちがそれを引き継いでいる。

現地入りして南三陸とラオスを行き来する活動を続ける代表の遠藤がこう語る。

学生が起点の「三角貿易」これは非常に珍しい事例

「ラオスの村は、英語を話すことができる人が村長さん一人しかいないので、ほかの村の人たちとのコミュニケーションは身振り手振りのジェスチャーで行っています。村に来る外国人も基本的にはバックパッカーばかりです。私たちのような布を買う人はあまりいないため、毎年夏に布を買う目的で来る私たちの活動は珍しく映っているようです」

先輩からタスキを受け継ぎ協働による「信頼関係」

先輩たちからのタスキを受け継ぐ形で学生たちの活動は5年を経過した。

「ラオスと南三陸の活動を通して感じたことは協働の大切さです。このような活動のために必要なのが『信頼関係』です。言語・文化・宗教が違う日本人とラオス人が協力して活動していくためには、『信頼関係』を築き、日本側の一方的な支援ではなく、相互理解したうえで協働して活動していくことが大切だと感じました。

南三陸でも、ミシン工房の女性たちの高齢化も進み、作業ができない人が増えています。今後私たちは現地の現状に合わせて、被災地との関わり方をどうするか新たな展開を検討中です。

どちらの地域の支援も私たちの解釈で判断するのではなく、お互いをよく知ってから活動を進めることが大切です。

このことは他地域における地域活性化プロジェクトにもいえることだと感じます。そこに住んでいない人が、ほかの場所を活性化する際、しばしば伝統や歴史、住民の想いを十分にくみ取れないこともあるように思います。そのため地元住民と協働で活動を行うことは、地域創生においてとても重要な点だと感じました」

国際的な地域支援を続ける学生主体のボランティア活動。継続的な活動が、未来を開く。

1.ラオスのホアイフンタイ村の布を織る女性たちを訪問（2列目右端が遠藤実花子）。2.南三陸のミシン工房でつくられたブックカバーなどの製品。

長野県
下條村

なぜ「奇跡の村」は生まれたか？
「道役」という奉仕活動を受け継ぐ住民参加型の地域力。

ユニークな村づくりの施策で注目を集めている長野県下伊那郡下條村――。「奇跡の村」と呼ばれる地域力の秘密を、徳永達己教授に聞きました。

1

全国から成功事例で注目
伊藤喜平前村長の実績

私は地方創生の研究テーマとして、住民参加型のインフラ整備事業に着目しています。研究フィールドである下條村は、長野県の最南端下伊那郡のほぼ中央に位置し、人口約4000人、1300世帯、林野が約70％を占める山村です。特産品としては蕎麦《そば》、辛味大根、干し柿で有名な市田柿などの農作物、林業も盛んです。

一見どこにでもあるような中山間地の村でありながら、下條村はこれまで行財政改革や少子化対策の成功事例として脚光を浴びており、全国から多くの自治体関係者などの視察が相次いでいます。さまざまなユニークな施策で「奇跡の村」と呼ばれている下條村をこれまでリードしてきたのは伊藤喜平前村長でした。92年から6期24年間にわたり村の行政を改革してきました。その中で、**注目すべき点は、住民向けの生活インフラ整備事業の「建設資材支給事業」です。92年から始まり、すでに25年以上の実績を有しています。**

この事業は、地域住民の生活環境を整備し、地域住民自ら施工する工事に対して、村が資材を支給し、住環境整備ならびに地域住民の連帯を図ることにより、より良い村づくりを進めることを目的としています。

同事業の対象は、村・農道整備、水路整備などで、村が管理主体となる受益者3名以上の生活インフラ施設に対して適用されています。目安は半日から1日分の作業で完成する工事量となっています。私も実際に村の小松原地区で行われた工事に参加してきました。対象は、小松原線とも呼ばれる道路であり、麓《ふもと》にある地元の氏神を祭る小松原神社の脇から山頂に至る林業および柿などの畑へ続く、農業の活用を目的とする道です。

無償の共同作業を行う制度
年1回の「お役」に参加

実は、下條村には「道役」という住民による無償の共同作業を行う制度が昔からあったそうです。「お役」とも呼ばれるこの作業（課役）は年1回程度、各戸から1名が参加しており、道の補修や拡幅、入会地（神社や氏神などを祭っている公共的なスペース）の除草・清掃などの作業を行っていたとのことでした。

この日は地区のメンバーを、神

人口：3,751人
（2019年5月1日現在）
面積：38.12㎢

1.長野県南信地方の下條村は「奇跡の村」と呼ばれ、地方創生の関係者から注目を集めている。2.建設資材支給事業に参加した下條村小松原地区の皆さん。道直しにともに取り組み、地域力を培っている。3.下條村の建設資材支給事業の様子。道づくりの作業を通じて村への愛着心を育んでいく。

アフリカの「LBT」と同じ まちづくり工法の事業です

社脇参道の枝打ち・除草の担当および道直しの2チームに分けて作業を行いました。道直しのメンバーは区長さんほか計11名です。若い人も多かったです。時間は昼過ぎの午後1時開始、参加者各自が農工具を肩に担いで現場に集まってきました。毎年の恒例事業なので住民の方々は仕事に熟練しています。何より区長の代田昇さんが建設会社に勤務していることもあり、自ら建機シャベルを操作して現場打ちの生コン運搬作業を行ったことから、工事は非常にスムーズに進み、目標である50mの施工を予定通り2時間程度で完工しました。

住民たちで自らインフラ整備を行う長野県下條村のこの事業は、アフリカなど途上国でも適用されている住民参加型まちづくり工法LBT（Labour Based Technology）とも例えられる事例であり、事業は村の暮らしの中に確実に定着しています。

この小松原地区は、地区内に村営住宅が2棟あり、もともと住んでいる住民と新しく移住してきた住民のちょうど半分ずつの約70世帯が区内に居住しています。実際の工事では若い世代の方も積極的に参加していました。今回初めて参加した人も作業当初は戸惑いを見せていましたが、長きにわたり事業に参加している住民の方々から親切な技術手ほどきを受けて、徐々に打ち解けた雰囲気で工事が進められました。

地域の絆を新たな形態へ これこそ地方創生のテーマ

下條村で資材支給事業が定着した理由は、私は大きく二つあると考えます。まず、村には昔から「道役」と呼ばれる住民による奉仕作業が現在まで継続されてきたことが何より大きいでしょう。**古くから受け継がれてきた「道役」という公共的な奉仕活動の制度・課役が受け皿となり、新たに伊藤前村長が始めた資材支給事業の仕組みにうまく組み込まれていった**のです。コンクリートなど資材供与による支援を受けつつ、行政の持つ調整能力も十分に発揮されることにより、資材支給事業の安定性と継続性が高まっていったのです。

もう一点は、**区長のように建設技術・技能に精通したリーダーやメンバーが数多く村に存在していることです。**現場の施工時に親方のような人が工事を指揮できる条件がそろっていることは、品質面に加えて、安全面の確保からも重要な要素です。

下條村は山間の農村です。だからこそ、**その地域に継承されてきた知恵や蓄積されてきた多様な技術と技能があります。**それが資材支給事業へ活《い》かされたのであり、これこそ下條村の地域力と呼べるものだと思います。

下條村の存在および資材支給事業を継続的に実施していること、これは奇跡ではありません。下條村の持つ地域力が正しく発揮されたからにほかなりません。

かつて地域に存在した住民の結び付きや絆を再確認し、地域力を踏まえた住民主体による枠組みや制度を現代に蘇《よみが》えらせ、新たな形態として組み立てていくこと。これこそ地方創生に向けて、まさに我々に求められているテーマだと思います。

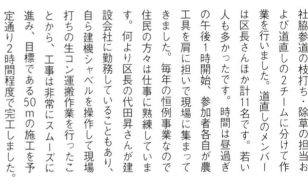

Chapter
2
持続可能な社会のために、できることがある。

大学生×デザイン実践研究

未来へつなげようコミュニティを幸せにする、デザインの哲学。

地域の歴史をひもとき、住民の声に耳を傾け、まちをデザインする。

コミュニティを幸せにするために、デザインにできることは何か——。

埋もれた地域資源をデザインの視点で見つめ直し、まちの付加価値を高める実践活動。

大学生たちが挑んだ、地域に寄り添う「デザイン支援プロジェクト」の事例研究を解説しましょう。

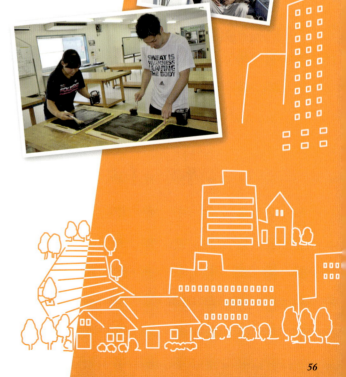

めかど島
ぴっかりこ
キャンプ
HACHIOJI CRITERIUM
2018
10/20-21
出場受付期間 8/13(月)~9/30(日)
www.hachioji-criterium.jp

拓殖大学　工学部デザイン学科　工藤芳彰准教授

地域のココロに寄り添う ソーシャルデザインの考え方

コミュニティを支援する活動の中でデザインの役割とは——。
これからのデザインについて、
ソーシャルデザイン研究の視点から工藤芳彰准教授に話を聞きました。

撮影・有田帆大

工藤芳彰さん
くどう・よしあき

1971年大分県生まれ。九州芸術工科大学（現九州大学芸術工学部）卒、拓殖大学工学研究科修士課程修了。博士（工学）。専門とするデザイン史の視点から、指導学生とコミュニティデザイン支援に取り組む。

20世紀の負の遺産をゼロに戻す課題

これからのデザインをどう考えるのか――20世紀は、よく言われるように、「消費のためのデザイン」の時代であったと思います。「高度経済成長」や「バブル経済」というキーワードが示すように、経済活動を活発化することを第一として、どう消費者を刺激するかを追い求めてきました。

しかし、人口減少社会に突入して、これまでのような消費活動が停滞していきます。デザインの本質が問われ、また注目されていくでしょう。

20世紀の負の遺産を含め、社会的な課題を解決していくために、デザインの力を上手に使っていかなければなりません。すべてのデザイナーは、自身がソーシャルデザイナーとしての一面を有することを繰り返し問いながら仕事に取り組むべきです。

例えば、まさに消費を刺激することが前提のCMデザイナーですら、社会的な課題を踏まえて表現を構築しなければならない。そればかりか、クライアントがソーシャルデザインに関心を有しているのかどうかを探り、提案することも必要になるでしょう。

負の遺産化してしまった、あるいはそうなりそうな20世紀のデザインを、いかに面白くゼロに戻していくかを考え、実行することが、これからの大事な共有体験になるのかもしれません。いわば「負→正のデザイン」です。

個人的には、ここ10年くらいで、デザインの潮流が大きく変わった印象です。デザイナーを養成する大学などの課題や卒業研究を通覧しても、内容がガラッと変わりました。社会的な課題を解決するためのアウトプットを求められるようになってきたのです。

デザイナーは地域のサポーターになる

私の知人に、グッドデザイン賞の受賞経験もある大手企業のプロダクトデザイナーがいます。学生から見れば憧れの職業に就いているこの人は、自身の仕事に満足できないと言い切ります。自身の仕事が、商品を既往のものと差別化するための定期的なマイナーチェンジでしかないというのです。20世紀型のデザインに価値を見いだせないデザイナーの現状を端的に示しています。生きがいのために、職能を生かしたボランティア活動に取り組むデザイナーも増えています。

地域の事業者とデザイナーの関係も変化しつつあります。これまでは、いわゆるクライアントがデザイナーに仕事を発注するという枠組みで話が進んでいました。しかし、すでにそのような単純な関係は成り立たなくなっています。地域住民のココロの問題にどう折り合いを付けるかが重要になっているのです。デザインの力の使いどころが、新しいステージに移ったわけです。

これまでデザイナーはクライアントに形あるものを見せて、喜んでもらうというものでした。しかし、これだけではもう根本的な解決にはなりません。そこに「住民目線の視点」が必要となったのです。外部からアイデアを貰い、指示どおりに活動しても意味はありません。当事者が主体となって初めて価値が生まれるわけです。デザイナーはあくまでも地域の支援者、サポーターとして振る舞うことになります。「地域のサポーター」――それが、これからのデザイナーの形なのではないでしょうか。

宮本常一に学ぶ「他者理解」の教科書

私の授業で、ソーシャルデザインのサポーターとして紹介する代表的な人物の一人が、日本民俗学の第一人者、宮本常一です。この先達の姿勢や考え方に、学ぶべき点が多いと考えています。

フィールドサーベイ(地域調査)では、地域のことを理解する必要があります。最も大切なことは、客観的に理解しようとする姿勢です。他者理解をするときに、いかに固定観念を持たずに、他者と向き合うか。いかに他者と同等の関係を築くか。

宮本の記述には、現代に通じる生活の本質が記録されています。人間の心や感情は100年たっても、そう変わらないものです。近代的な生活の表に見えていること、すぐに目に留まることは全く変わっているようで、基盤的な部分はほとんど変わらないのかもしれない、そう感じてもらえるのではないかと思います。フィールドワークの際、このような意識を頭の片隅に置いておくよう、学生たちに伝えています。

同時代に生きているからこそ、見えにくいものがあります。当たり前に思って気付かないこと。100年前のことをイメージすることで、いまを理解し、その先を予測する――宮本の膨大な著作の中には平易なものもあり、学生のみならず、そしておそらく地域の方々にとっても、教科書のような存在と言えるでしょう。

イノベーションは小さなことから始まる

ソーシャルデザインに関心を寄せ、自身が関係するコミュニティで取り組んでみたい、という方々には、お手本を見つけ、その一部分である「小さなこと」から始めることをオススメします。一般的に、手本として紹介される事例は、成功例だけに取り組みに広がりがあります。そのような事例を知れば知るほど、同じようなことができるだろうかと臆してしまいがちです。しかし、地域におけるソーシャルデザインは必ず、小さなことから始まります。そして、真似をしても怒られない。むしろ、真似は美徳です。イノベーションも、その核はとても小さなことから始まるのですから。

一握りの地域住民の、ちょっとしたやる気がきっかけになって、次第に問題意識が共通意識となり、周りの人々が動き、産業界が、公的な組織が動き、多角的に協働していくことで、コミュニティが変わっていく。

研究室として、その流れの中で、少しでもお手伝いができればいいなと考えています。

高齢化するコミュニティ

館ケ丘団地 デザイン支援 プロジェクト

東京都

人口：561,407人
（2019年3月末日現在）
面積：186.4㎢
館ケ丘団地：人口3,000人強（2,388戸）、平均年齢70歳超、高齢化率（65歳以上人口の割合）56％、そのうち約半数が独居者（館ケ丘団地自治会調べ）

館ケ丘団地は高度成長期の1975年に建設された大規模団地の象徴的な存在だった（手前は拓殖大学八王子国際キャンパス）。

住民主体で動いた「たてキッチンさくら」の奇跡

みんなの地域食堂が生まれた日。

東京都八王子市の館ケ丘団地内に誕生した地域食堂「たてキッチンさくら」。この食堂を開店にまで結び付けたのは地域住民主導のコミュニティデザイン活動でした。

2018年9月8日、地域食堂「たてキッチンさくら」はオープンした。地域住民はじめ食堂設立に関わった人たちの笑顔の集合写真。

拓殖大と八王子の地域連携 学校運営協議会参加の縁

八王子市の館ケ丘団地内に地域食堂「たてキッチンさくら」が誕生したのは、2018年9月のことだった。

「拓殖大と八王子市は2017年7月に地域連携協定を締結して、地域の課題解決に向けた活動に取り組み始めていました。八王子西南部は特に高齢化が進んだ地域です。中でも館ケ丘団地は、高度成長期の頃に建設された1975年当時は大人気を誇る2800戸の大規模団地、最盛期の住民は1万人超でしたが、いまは空き家率約20%強と、65歳以上の高齢化率56%、さまざまな課題を抱えている地域でもあります。研究室ではもともと団地内に所在する、不登校の経験を有する児童生徒のための市立高尾山学園の支援に取り組んでいました。その縁もあって、同校の学校運営協議会に参加していたことをきっかけに、団地の活性化プランに参加することになったのです」

工藤研究室が食堂設立の事前情報を知ったのは2017年12月のことだった。

「館ケ丘団地に地域食堂ができる」そこで開かれるワークショップに参加してもらえないかという打診だった。事前情報を伝えたのは、学校運営協議会のメンバーで、当時、同団地にある「ふらっと相談室」室長の今泉靖徳さんだった。

2018年1月、食堂設立に向けた団地内の第一回の地域会議が

Column

大規模団地「ニュータウン」の課題

日本で初めてニュータウン開発が行われたのは、1960年代の大阪「千里ニュータウン」。首都圏では70年代に「多摩ニュータウン」が開発されたのが代表例。国交省の資料によれば「計画戸数1000戸以上」のニュータウンは全国に約2000カ所存在する。高度成長期の時代を象徴する社会現象になった。

しかし、核家族「ニューファミリー」たちが移り住んだ巨大なまちは、いま空き家率や高齢化率、そして住民の孤立化などコミュニティの課題を抱えている。行政の及ばない地域では新しい公共活動にも注目が集まる。

〝人を結ぶ、関係を結ぶ〟地域の輪を広げる活動
高齢化率52％の団地を変えた団地応援隊の力

「たてキッチンさくら」設立のキーマン、「ふらっと相談室」の元室長だった今泉靖徳さん（左）、団地応援隊の代表だった水谷徳子さん（右）。「食堂オープン時は、赤穂浪士ではないけれど、メンバーは47人。配達専門の大学生から営業の専門家、料理のつくり手は女性が多かったですが、みんなができることを分担して協力してやっていた」と今泉さんは話す。

開かれた。ワークショップに参加した席上で、研究室側からは「例えばインテリアデザインなどのお手伝いができます」と提案。そこから支援の具体的な作業が始まった。工藤研究室を中心に、大学内で館ケ丘団地「デザイン支援プロジェクト」がスタート、学生たちのアイデアで食堂の壁面に取り付ける可動式の「チョークボード」の制作と施工に携わり、地域食堂開店までの支援を行った。一緒に活動に参加した徳永研究室の学生を加えたプロジェクトチーム「CDS（Community Design Supporters）」は全16名だった。

こうした大学生たちのデザイン活動の詳細は後述するとして、まずは、「たてキッチンさくら」がオープンするまでの〝地域の前史〟を知る必要がある。そこに、このコミュニティデザイン活動の事例のヒントが隠されているからだ。

高齢者見守り事業が端緒 独居老人は千数百人に及ぶ

館ケ丘団地の地域食堂誕生までの地域住民主体のコミュニティデザイン活動では、キーマンとなる人物が二人存在した。

一人は、前述した団地内に設置された「ふらっと相談室」の室長の今泉靖徳さん。そして、もう一人が、「たてキッチンさくら」を運営する団地応援隊の代表である水谷徳子さん。

二人の地域人が情熱を持って活動した先に、形となったのが「地域食堂」という居場所だった。

「ふらっと相談室」の室長の今泉さんが、8年前に相談室を立ち上げた当時の団地の様子をこう語る。

「相談室ができたのは東日本大震災の直後の5月でした。本来は新年度の4月から開く予定でしたが、震災の影響で資材がそろわずに遅れたのです。初めは団地のどこに誰が住んでいるのかも分からない状態でした。手始めに近隣の大学生たちにボランティアの呼びかけをして、お手伝いをお願いしました。大学や専門学校など5校、75名程度の人たちが参加して、熱中症の注意喚起や戸別訪問、街頭の呼びかけ、住民の実態調査などを行いました」

もともとこの相談室は、八王子市が団地内の高齢者見守り事業として立ち上げた。生協「はちせい」が委託を受け、運営責任者として派遣されたのが職員の今泉さんだった。

「室長といっても常駐のスタッフは事実上一人だけでした。あの頃の団地内には、高齢者たちのたまり場がなかったので『カフェをつくろう』と、相談室内にカフェをオープンさせたんです。相談室といっても、初めの頃はなかなか相談をしづらい雰囲気でした。住民の人も見知らぬ人にいきなり自分の課題も言えないし、プライバシー問題を語れない。それがカフェでお茶を飲みながら気軽に立ち寄れる相談室になったことで雰囲気が変わりました」

このカフェのお手伝いを任されたのが、のちに地域食堂を立ち上げるときに中心的な役割を担ったもう一人のキーマン、団地応援隊の水谷徳子さんだった。

水谷さんがこう語る。

「今泉さんに声をかけられて、カフェのお手伝いをしたのがこの団地との関わりの始まりでした。ひとりで駆けまわる今泉さんを放っておけなかったから」

水谷さんによればその頃の団地内の独居老人は千数百人にも及んでいたという。そして、このカフェの活動がのちに食堂設立につながる原点になっていったという。

地域内だけでは解決しない 高齢化団地の厳しい現実

今泉さんがこう話した。

「1年目の相談室には約500件の相談がありました。わずかな職員だけでは対応できない状況でしたので、地域の方たちの力が必要だからもっと協力をしてほしいと呼びかけました。本来は相談室の業務だけこなしていればいいはずでしたが、それだけではこの団地の高齢者の課題解決は難しい。もっと全体的なアプローチをするために、住民たちを巻き込むような活動が必要だと感じました」

大学生たちによる熱中症の声かけ活動は継続して行われていた。

今泉さんは、大学生のボランティアや地域の高齢者に、お昼ご飯を食べさせてあげたいと思い立ち、住民からお米の寄付を募り、おにぎりをつくろうというアイデアを提案した。

〝人を結ぶ、関係を結ぶ〟――。

そんな想《おも》いからだった。みんなでわいわい盛り上げながら、地域の活動の輪を広げたかった。

　2012年8月の1カ月間行われた高齢者の見守り活動を「おむすび計画」と名付けて、みんなで食事の支援を行った。ここに多くの住民が参加して活動が広がった。

「このおむすび計画の活動が、食堂づくりについては結果的に実務になったと思います。住民と学生が課題を共有することができたのです」

　そう当時を振り返りながら、今泉さんはこう語る。

「この館ケ丘団地は昔から住んでいる人が実は少ない。リタイアしてから、この団地に移住してきた人が多いんです。老後を静かに悠々自適に過ごしたいという想いで越してきた人たちなので、煩わしい近所付き合いを避ける思考の人も多かったのかもしれない。それがやがて住民数3500人のうち高齢化率52％の団地になった。相談室を始めてから、孤独死の現場に、何度も立ち会ってきました。地域住民同士で見守ることやつながりがないと、こうした高齢化団地では地域だけでは対応できなくなる現実。現場にいて痛感したし、身に染みて感じました」

「相談室」オープンから4年ほどして地域住民の意識のフェーズが変わってきた。

「これまではどこに誰がいるか分からなかったのが、『あそこの人は見かけない』とか、みんなが情報を寄せてくれるようになったんです。みんなの意識が少しずつ変わっていく感じを受けました。ネットワークができ、民生委員や自治会とも連携して見守りができるようになりました。人の集まるところ、情報が集まるところが分かるようになったんです」

団地応援隊ができた理由「おむすび計画」が原点だった

　地域食堂の原動力になった団地応援隊ができたのは、館ケ丘団地の商店街からスーパーが撤退して、団地の高齢者たちが買い物難民になる大問題が持ち上がった

食堂の飲食スペースの両壁にチョークボードとプラットフォームからなる「ミナカベ」を設置した。学生たちが制作に取り組んだのはオープンの約3カ月前、6月のことだった。

1.「たてキッチンさくら」はいまや超人気店に。1日200食売り上げの日も。2.ひとり暮らしの老人など団地の高齢者たちの「食の場」ができた。

2016年9月のことだった。

「地域のために炊き出しやお弁当づくりをするから、相談室のカフェの厨房を使わせてほしい」と、水谷さんを中心にした地域の主婦たちのボランティアから、今泉さんに申し出があった。このときの炊き出しチームとして結成されたのが団地応援隊だった。おにぎりやお弁当を格安で販売した。水谷さんがこう振り返る。

「活動は3カ月くらいして、いったんはやめると言って（団地応援隊は）解散したんです。でも、みんなやり通せたと自信につながった。やればできるんだって。逆に周囲からは『どうしてやめたのか』って声も上がりました」

やがて、この活動がきっかけになって「地域に恒久的な食の場が必要だと思い至り、自分たちで食堂をつくりたいと、地域の人たちを招集するために動き出したんです」（水谷さん）。

2017年6月のことだった。

水谷さんから相談を受けた今泉さんは「初めは反対しました。でも、みんなの熱意がものすごくありました」と言う。水谷さんが当時の想いを語った。

「やると決めたらぐずぐずしていたらできないと思いましたから、一気に動きました。企画書も全部自分で書きました。（17年の）年末には役員7名を決めて、お金の話もみんなに納得してもらって自分たち自ら出資することで了承を得たんです。18年1月に地域集会を開いたときには、9月のオープンまでの行程表を決めて、いつまでに何をやるか、みんなその日程で目標に沿って動きました」

2月のワークショップには70数名の参加があった。

「ただ、ワークショップのやり方が分からなかったから、大学生のボランティアの方たちに手助けしてもらって、8～10人ぐらいに分かれて、記録や進行の運営を担ってもらいました」

運転資金の「500万円」は自分たちで企画提案して、八王子市から補助金、さらに募金や企業からの協賛金などを集めたという。

地域会議から8カ月の早さ 住民の力の強さと熱量

2月のワークショップに参加した工藤研究室が提案したのは地域コミュニケーションのハブとしての場所づくり。その空間デザインを支援する考えだった。

「地域食堂を単なる食堂とするのではなくて、地域で多目的に利用できる場として魅力的な場所になるように空間のデザインを提案しました。食堂の壁にみんなで自由に情報を共有できるような壁『ミナカベ』をつくることにしたんです。オリジナルのチョークボードも取り付け、『桜・空・植物』をイメージした3色で彩りました。開店資金は厨房の費用に多くのお

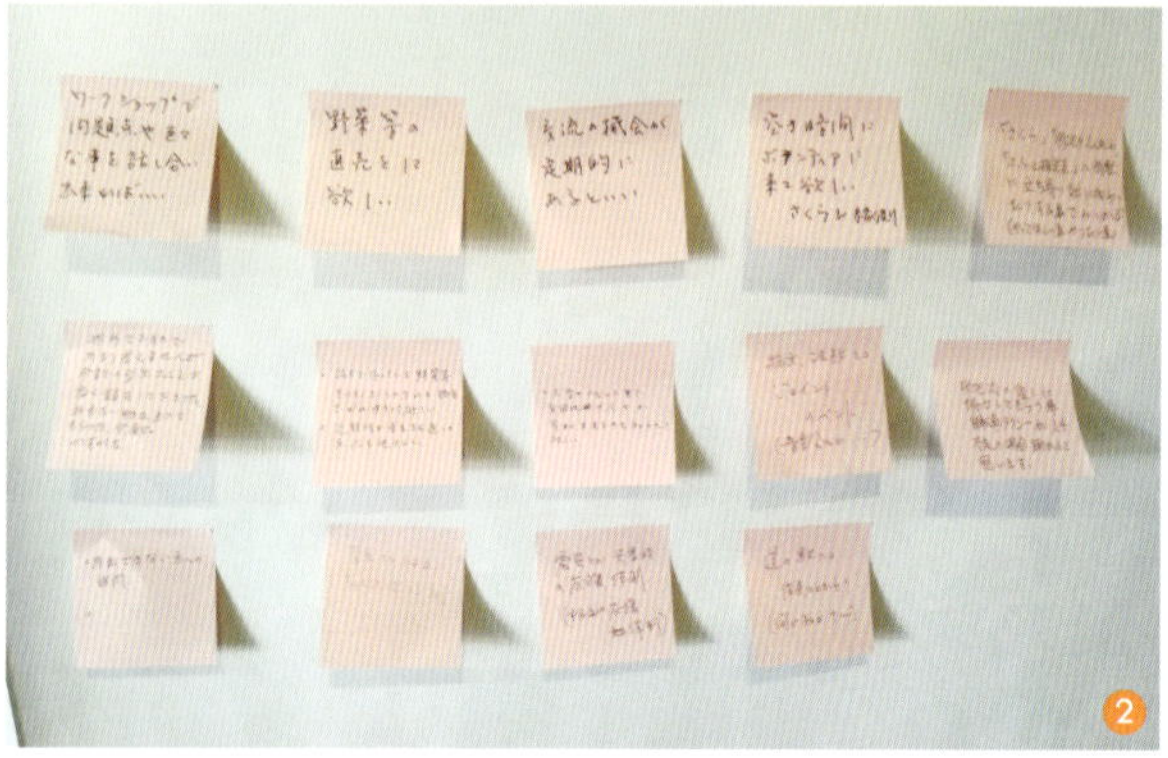

1.オープン後の10月に、大学生と団地住民たちの交流会をはじめワークショップが開かれた。2.住民からはさまざまな意見が提案された。3.「チョークアート体験会」も催された。

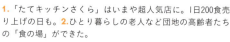

Column

地域食堂「食と健康」をテーマにデザインを考案。

地域食堂「たてキッチンさくら」の設立時のコンセプトは「食と健康」だった。

CDSのメンバーのうち2名のデザイン学生が、そのコンセプトを尊重し、オープンした後も継続的に「たてキッチンさくら」のためのデザイン提案に取り組んでいる。

一つは、CDSのリーダーを務めた松本真依の取り組みで、食と健康をテーマにした「地域コミュニケーションの枠組み『アロエ・プロジェクト』」。

「『食と健康』を象徴し、老若男女に親しまれる『アロエ』を世代間コミュニケーションの核と位置付けました。地域住民が育てたアロエを持ち寄り、『食と健康』をテーマとするワークショップを定期的に開催することで、徐々に地域コミュニケーションを活性化するコンセプトの活動でした。ワークショップの宣伝効果と認知性を高めるために、アロエベラをモチーフにしたキャラクター『アレックス』をデザインしました」

もう一つは、積極的に同食堂のボランティアに参加した山田望優の「地域コミュニティのためのポップアップ・チンチラカフェ」。

「全国的な『アニマルカフェ』や『アニマルセラピー』の関心の高まりを背景に、動物を地域コミュニケーションの核として位置付けたもので、近年ペットとして人気を高めているチンチラを鑑賞しつつ、会話を楽しむための組み立て式の『チンチラケース』をデザインしました」

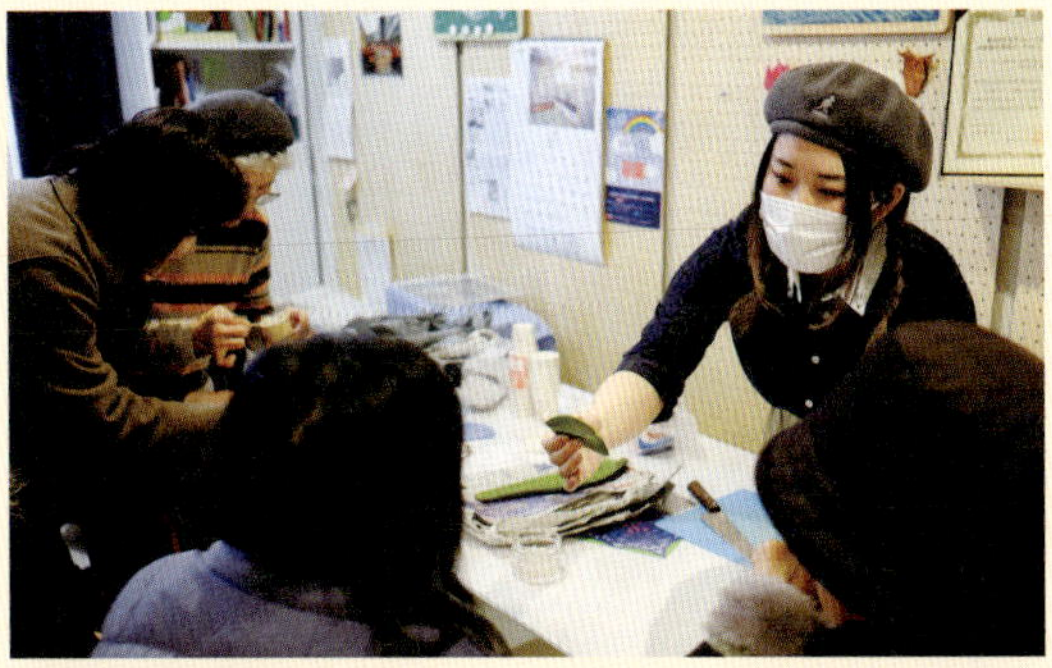

ボランティア活動の中心メンバーだった松本真衣（上）と山田望優（下）。

金をつぎ込んでしまったということでしたので、大学の奨励金制度を利用して、大学生がアイデアを出して20万円を元手にデザイン、施行しました」（工藤准教授）

　地域会議から8カ月のスピード開店だった。

「いろんなことが重なって、できたコミュニティデザインの活動でした。地域の人が主体的にやる、当事者が主体的に活動する。デザインはそれをサポートする。レアケースな事例でした。地域の人に熱量があって、当事者たちの本気度がすべてを動かしました」（工藤准教授）

　いまや、1日200食を超えて販売する日も続出する人気食堂になった「たてキッチンさくら」。

　今泉さんがこう話す。

「住民の力の強さや大きさ、地域のすごい力が動いたと感じました。これまで行政や民間の大きな資本力や政治力で地域社会を変えてきた場面は何度も見てきましたが、今回のような第三勢力的な活動、限られた地域の中で、ここまで突き動かしたことは、大げさかもしれませんが、過去にあまり例を見ない強さを感じました」

　団地応援隊の水谷さんによれば食堂の命名にはこんな想いが込められているという。

「館ケ丘団地のあたりは春になると桜の名所として有名なんです。桜の花びらは5弁で、それは家族の象徴です。家族みんながいっぱい集っている。そんな場所であってほしいと思って付けたんです」

　地域の大規模団地で起きた小さな胎動――小さな仕組みが動き出すと、大きな流れが生まれる、デザインの可能性がここに秘められている。

ココが POINT!

「少し先の未来」デザイン提案

プロジェクトを成功に導いたのは、地域食堂の運営主体である団地応援隊の方々と、そのサポーター役を担った「ふらっと相談室」の方々、学生チームの三者が同じ熱量でバランスよく地域食堂を支えたことにあります。また、「少し先の未来」のためのデザイン提案によって、そのバランスが補強されたように思います。

祭礼文化の継承を支援する

地域学習ゲーム「山車《だし》の札」で歴史を学ぼう。

地域の祭りを学ぶことで、地元への愛着や興味を抱いてもらう。そんな学習ツール「山車の札」とその動画のデザインに挑みました。

「八王子まつり」は毎年8月初旬に開催される市民イベント。八王子南町では町会員の減少と高齢化による曳き手不足に悩まされており、町外から積極的な人材を求めている。南町が所有する「一本柱立ての人形山車」は、1897（明治30）年の大火による焼失後、1906（明治39）年に再建。江戸期の山車の形式を伝えている。山車人形は1945（昭和20）年の空襲による焼失後、2005（平成17）年に復元された。

南町の巡業祭りに参加して10年余

「2008年に八王子市指定有形文化財の山車に関する委託調査をしたことがきっかけになって、その年から南町の山車の巡行に参加するようになりました。気付けば10年近く関わりを持つことになり、コミュニティの課題もより具体的にイメージできるようになりました」

拓殖大学の工藤准教授はそう話す。

八王子市南町は江戸期の山車祭りを継承する旧宿場町の一角。明治期に大火による焼失から再建された山車と、近年に復元された山車人形を所有している。

ところが、――。

「かつては町民が山車を曳《ひ》き、地域とのつながりを育んできましたが徐々に町内会員が減少し、高齢化による曳き手不足が問題になってきました。町内では祭りの運営を支える人材の不足に悩み、積極的に町外から参加希望を受け入れるようになったのです」

例年8月の初旬に開催される八王子祭りの成り立ちは、甲州街道沿いに鎮座する多賀神社および八幡八雲神社の例大祭を同日開催し、市民イベント化したもの。期間中は両社の氏子町会が所有する山車が多数巡行する。

そのうち12台が八王子市指定の有形文化財である。

南町の祭礼組織は町会が母体とする「南町祭礼実行委員会」と、他の町民や町外協力者が加わった「南

「山車の札」の遊び方

ゲームは、場に白札の山車・人形・町会長を並べて開始。順に、白札の上または場へ同じ絵柄または背景色の札を並べていく。特定の置き札により場の札を獲得、数を競う。

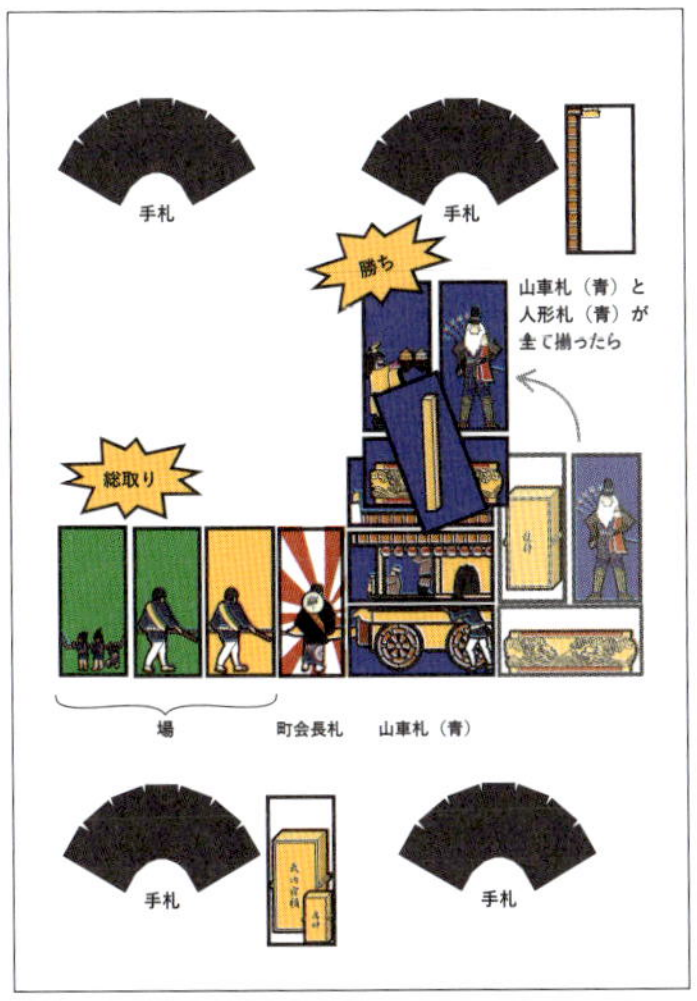

山車巡行の人たちの役割と知識
（「動画コンテンツ」より）

①大万灯
祭りには大小の「万灯」がある。大万灯は大人が回す。重量があるために、事前の練習が必要となる。

②山車人形
南町の人形山車は、應神天皇を抱く武内宿禰に海神磯良が宝珠をささげる場面を3体集合で表す。

③先導役
役割は拍子木を打つこと。拍子木を1回鳴らしたら「止まれ」、2回鳴らしたら「進め」の合図となる。

④小万灯
大万灯に対して、小万灯は子どもたちがまわす役割を与えられている。明かりがきれいに灯る仕掛けに。

⑤屋根方
ビルの2階ほどの高さがあるために恐怖心を伴うが、山車の屋根に乗る祭りの華でもある。

⑥水屋
真夏の巡行に定期的な水分補給は必須である。水屋はそのため飲料運搬車で、山車に後続する。

山車の巡行を構成する人たち

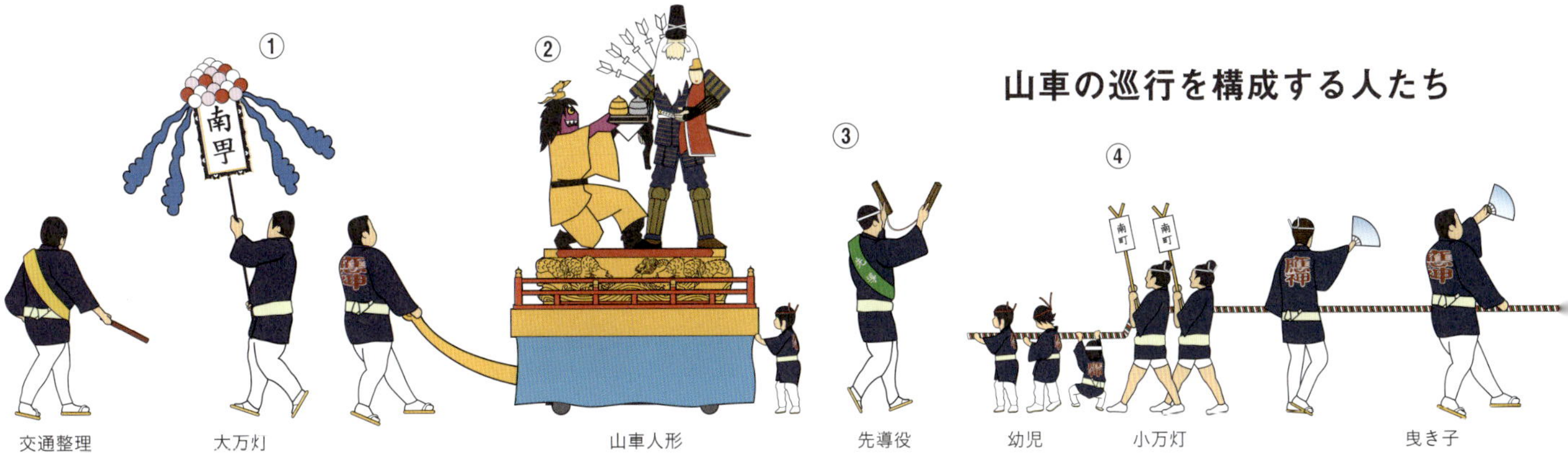

町鷹神睦」、町田市の囃子演奏グループ「みつめ囃子」によって構成されている。また、祭礼本部となる神酒所や休憩所などは町会関係者がサポートする。

「八王子祭りの山車」カードゲームを制作した学生（田場直也）はフィールドワークを兼ね、大学院の修了まで3度にわたり祭礼に参加した。

将来の祭礼参加を促すきっかけに

学習カードのデザインに臨んだのは2010年のことだった。

『山車の札』のゲームは山車の巡行を構成する人々と祭礼用具などを単純化したもので、祭りの山車を知らない人に、その役割や巡行に関する知識を深めてもらうことを目的にしたものです。小学校や中学校の地域学習でカードゲームを体験してから祭りを見ると理解度や関心度がさらに高まる仕掛けになっています。結果、将来の祭礼参加を促すきっかけづくりになればと思っています」（工藤准教授）

さらに動画コンテンツ「ひょっとこくんときつねさん」（全12話）を組み合わせて遊ぶことで、楽しみながら理解度を高める効果を生み出すという。

「動画のキャラクターは、きつねと、ひょっとこ。きつねが、ひょっとこに、山車の役割について解説していきます。子ども目線でコミュカルに描かれています」（工藤准教授）

ゲームを制作した学生はその後、正規の会員として祭礼に参加し、地域との関わりを続けている。

ココがPOINT!

課題を抱えたコミュニティこそ、創造性が発揮できる環境と捉えることも。新たな視点から歴史文化を見つめ直してみてはいかがでしょうか。

東京都
八王子市

小学校「総合学習ツール」教材のデザイン

古来の物語「とんとんならべ」昔話遊び。

昔話と遊びを通じて、地域の古来の歴史を学び直す――。
そんな総合学習ツールのデザインに取り組んだのが
高尾山周辺に伝わる昔話集「とんとんむかし」を題材にした実践事例でした。

古来の霊山として歴史や物語を有する、高尾山周辺に伝わる昔話集が「総合学習ツール」の題材になった。地域に伝わる物語はかけがえのない地域資源である。

高尾山周辺に伝わる歴史や物語

「研究室では長期的な視点に立って、地域づくりの次代を担う子どもたちのための学習ツールの開発に取り組んでいます。この八王子の昔話の学習ツール『とんとんならべ』は2013年度の学生（藤原あゆみ）の卒業研究をベースに、地元のさまざまな学校の教育現場などでの検証を踏まえ、改良を重ねて現在の形になりました。このゲームを通じて、子どもたちに地域の共通認識である昔話について、少しでも理解を深め、協働力を育んでもらうことを狙っています」（工藤准教授）

昔話のベースになっているのは、八王子市南西に位置する高尾山や周辺地域に伝わる「とんとんむかし」。高尾山薬王院の創建から伝わる古来の霊山としての歴史や物語は、郷土史家の菊池正さん（1927~2006年）により、いくつかの昔話集にまとめられ、語り継がれてきた。

この昔話を題材に、デザインの視点から着想した地域づくり支援の提案が、①学習ツール「とんとんならべ」のボードゲーム、②ストーリーBOOK（改良版は「読み聞かせシート」）、③アクセサリー「ton ton」だった。

学習ツールを教育現場で活用させる方法として工藤准教授が注目したのが、小学校教育の中の科目の一つである「総合的な学習の時間」だった。

「このゲームは、小学校の総合学習でのグループ

総合学習ツール「とんとんならべ」の読み聞かせシート

「おばあさん」　「いも」

『石いも』由来のイラスト

「へび」　「さる」

『さる坂』由来のイラスト

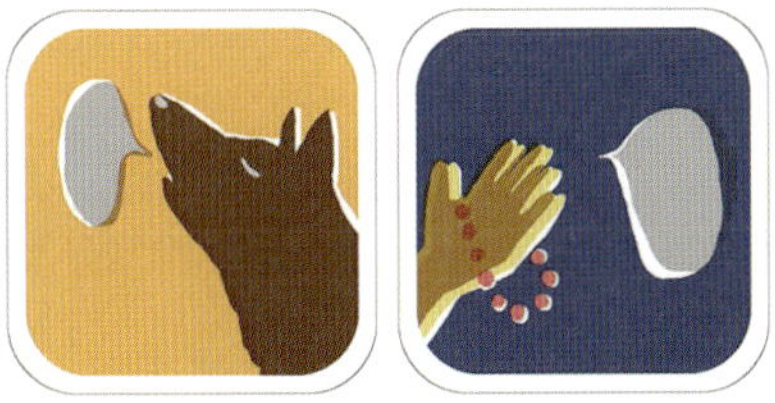

「おおかみ」　「ねんぶつ」

『オオカミねんぶつ』由来のイラスト

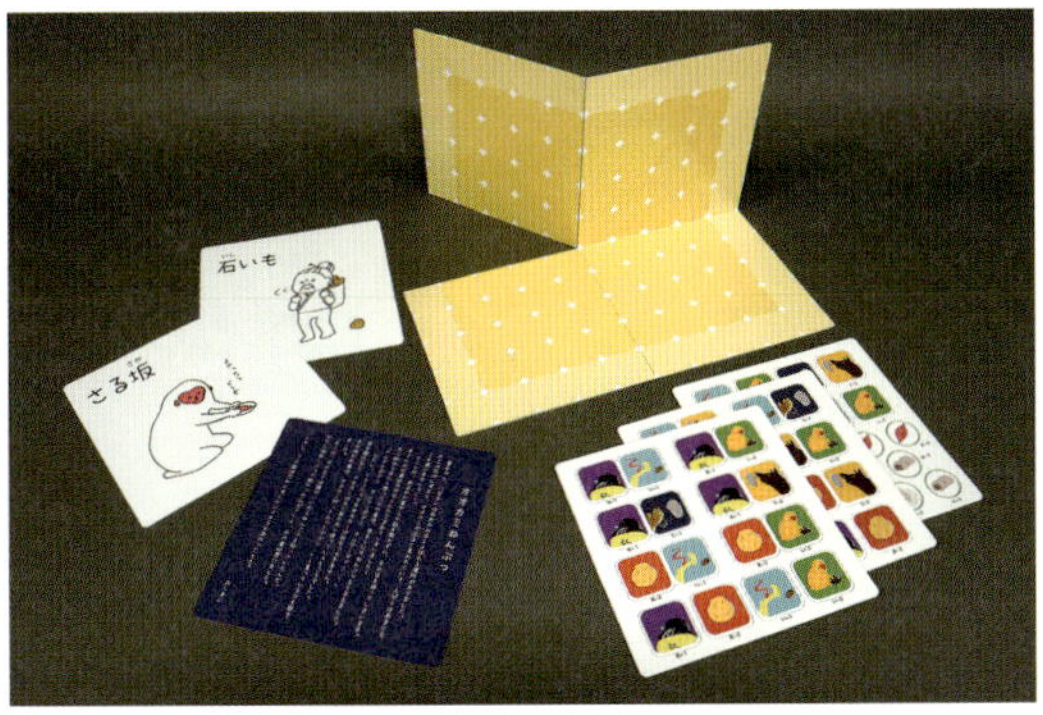

卒業研究時から改良された総合学習ツール「とんとんならべ」一式。ストーリーBOOKは読み聞かせシートになった。

ボードゲームのプレイは2〜4人で10分ほど遊べる。6種類のイラストの描かれたタイルで物語に関連しているもの同士を隣り合うように置いていき、お宝を取るゲーム。遊びながらキャラクターの関係性を学ぶことができる。

ワークを前提としてつくられたボードゲーム型の地域学習ツールです。2〜6名で使用するのが前提になっています。ゲームの難易度としては低学年でも遊べる内容になっています。

ゲーム選定した三つの物語を読み聞かせることから遊びは始まります。プレイヤーはゲームボードにランダムに置かれたチップを囲み取るように、手札となる大小のタイルを1枚ずつ配置していきます。物語の内容が並べ方を規定するため、読み聞かせが必要なのです」

児童や教師へのアンケート調査を実施

ストーリーBOOKは三つの物語のイラストと、紙芝居のような文章が施されており、子ども同士で読み聞かせながら能動的に学べる構成になっているという。三つの学習ツールについては、児童や教師へのアンケート調査も実施された。

「検証のため、八王子市寺町学童保育所の低・中学年児童11人に使用してもらいました。ボードゲームは問題なくスムーズに遊んでいた印象でした。ゲームのキャラクターにも関心を示し、作成したアクセサリーも好評でした」（工藤准教授）

遊んで学べる「昔話」ゲームのデザイン提案。地域コミュニケーションの経験が乏しい子どもたちに、物語を通じて興味と想像力を育む教材になるよう、市内小学校の授業内検証を通して、「とんとんならべ」の改良を続行中である。

ココがPOINT!

社会的課題の解決を図るうえで、物語の活用可能性は無限。既往や新造に限らず、まずは「地域的物語」を楽しむことから始めましょう。

東京都
八王子市

コミュニティの弱者をサポートする

「認知症患者」「知的障害者」のためにデザインができること。

コミュニティの弱者に学生たちの活動で何かサポートできることがあるのか――。研究室がコミュニティデザインの活動を行う中で、それは常に念頭にある重要なテーマです。

1.八王子の椚田町にある商店有志グループは、朝カフェや苗木販売などの地域イベント、夏場の「高齢者見守り」支援に取り組んでいる。2.3.近接する認知症患者のグループホーム「寿限無」は同活動の協力団体で、その縁から、「認知症サポーター」の資格を取得した研究室の学生が約半年間、同ホームで調査を兼ねた週1回のボランティア活動を行った。

コミュニケーション器具開発支援で対話のデザイン

工藤研究室では、これまで「高齢者の認知症患者」と「知的障害者」へのデザイン支援を実践している。

認知症患者のグループホームで活動するボランティアへの支援事例は、「世代間のコミュニケーション」を図るための活動だった。

工藤准教授はこう話す。

「この事例のきっかけは、研究室へ訪ねてきた地域の方の相談でした。『(自分たちの)コミュニティを元気にしたい。地元の仲間たちで話し合いをしているが、このまま進めてよいのかどうかアドバイスをお願いしたい』と。八王子の椚田町にある美容室の若い経営者の方でした。私は『(企画やイベントなど)いきなり規模を大きく構えてやるより、モデル地区を作って小さく始めて、実績づくりをしてから周囲を動かす方がいいですよ』と、助言したんです」

商店街では夏場に、高齢の認知症の人が徘徊《はいかい》する場面に接すると、脱水症状の人にはお水を渡すなど、地域ぐるみで「高齢者の見守り」活動を行っていた。

認知症患者のコミュニケーションが、この地域のコミュニティデザインの軸の一つになると考えた。

「地域の小学校などではいま、認知症のサポーター資格を取得して、施設へ出向いてボランティアによる社会貢献活動を行っているのですが、こうした小学生たちと高齢者の世代間コミュニケーションを円滑にするためのデザイン支援に取り組むことにしました」

歯磨き支援アプリ「いっしょにはみがき」

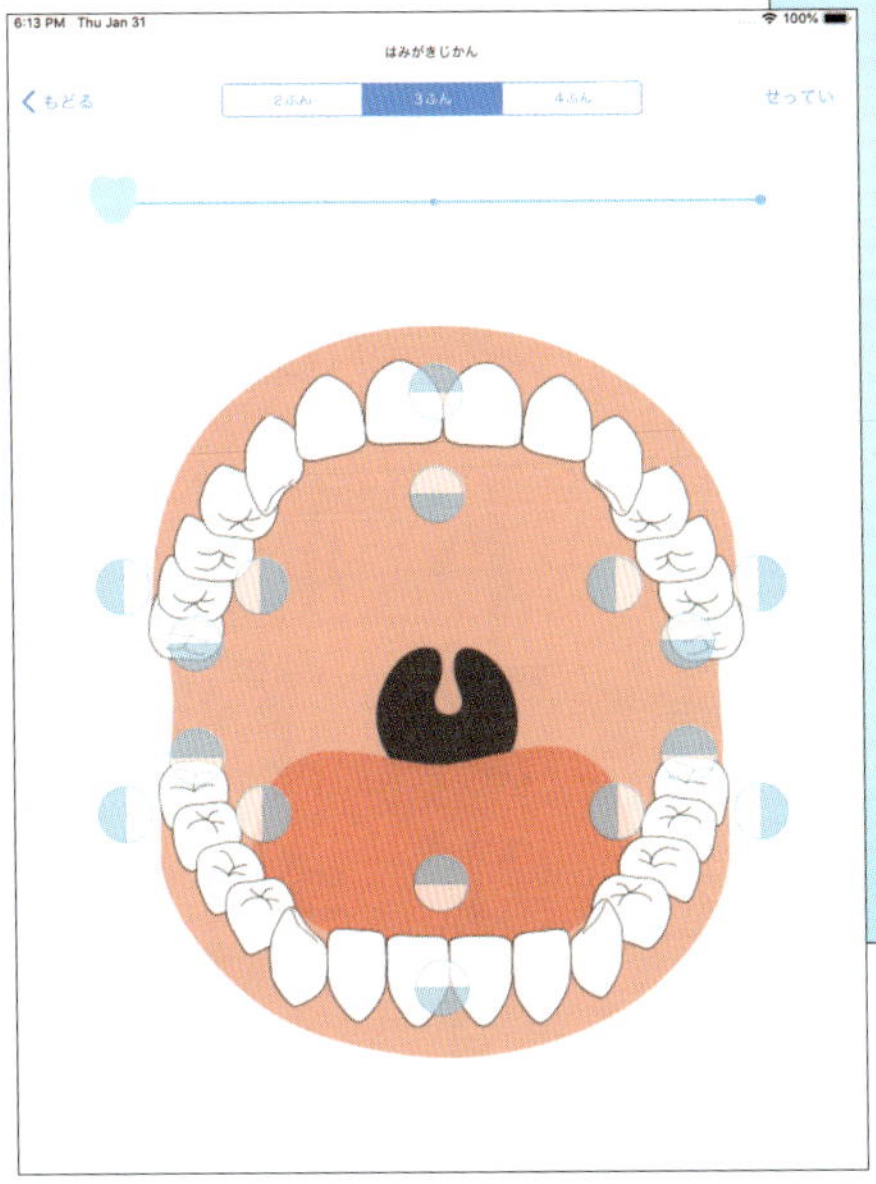

歯磨き支援アプリの開発時には「とにかくシンプルに」が合言葉。「自分でできる人」と「支援が必要な人」で、それぞれのレベルに分別して設計した。（担当学生：富澤俊紀）

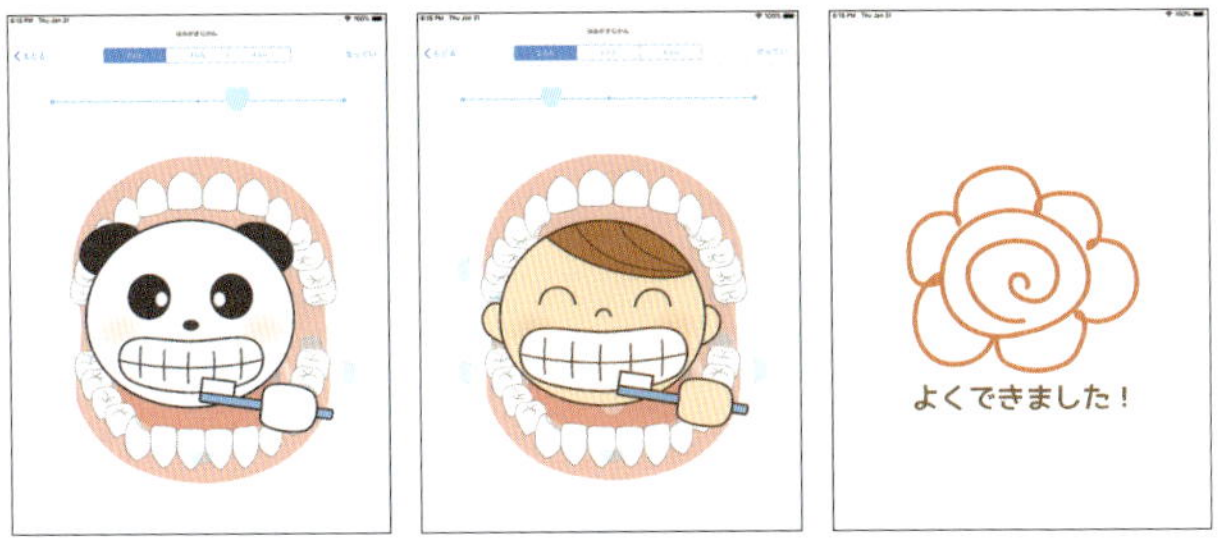

歯磨きの進行については「三分割の画面」にして、誰でも分かるように工夫した。

対話器具「フラワーノートVer.2」

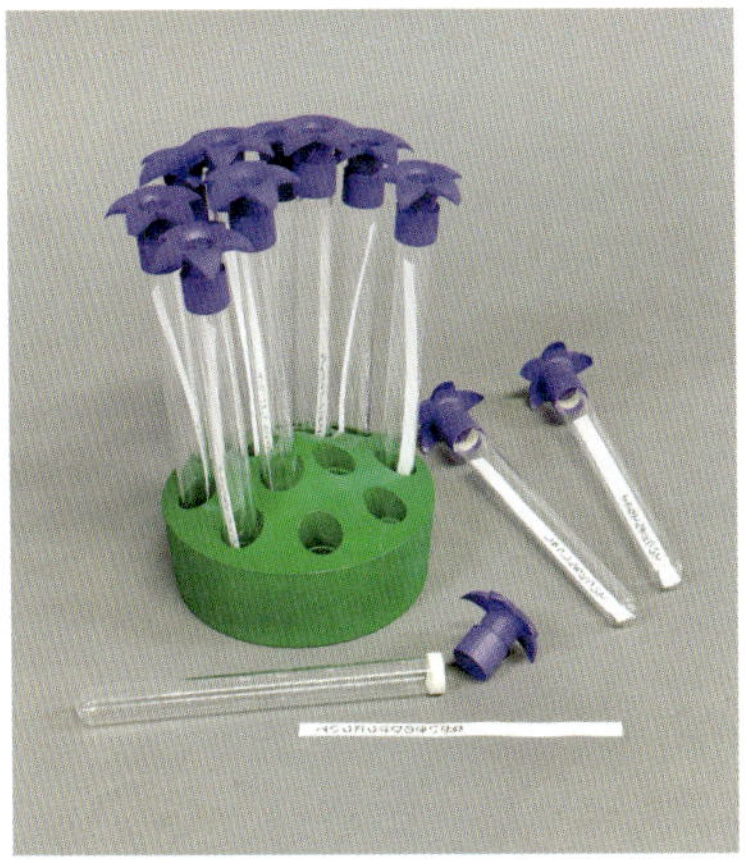

花のモチーフは「ベルフラワー」を想定したもので、花言葉は「楽しいおしゃべり」だった。花の模型の中には会話を成立させるための「質問事項が記載された素材」が封入されている。（担当学生：土肥慎平）

開発したのは、過去の学生が試作した中学年児童向け地域学習ツール「フラワーノート」をバージョンアップさせた対話用具。鉢植えの花を模した12本のプラスチック試験管で構成されている形状の器具だった。工藤准教授が言う。

「実験的にグループホームに置いておいてもらい、ボランティア学生と高齢者と子どもたちに使用してもらいました。アイスブレイクのきっかけとなり、30分から1時間ほど対話が成立したそうです。中には認知症患者同士でおしゃべりを始めたケースもあったそうです。ホームの人も、これにはちょっとびっくりしたそうです」

生活の質をいかに保つか 弘前大と改良&検証へ

もう一つの「知的障害者の歯磨き支援アプリ」の開発実践例は、生活支援の一環で、話が持ち込まれたのが始まりだった。

工藤准教授がこう話す。

「知的障害を有する人たちの生活の質（QOL）をいかに保つかが大きなテーマでした。自分で顔を洗ったり、歯を磨いたり、ご飯を食べたり、自分の力でできるようにすることは、健康を保つうえで大切なこと。歯磨きをおろそかにすれば歯が悪くなり、健康にも影響を及ぼすことは明らかです」

開発に価値があると判断した。

「アプリの仕組みはとにかくシンプルに設計しようと要点を決めました。自分の歯を磨く行為を自分で鏡を見るようにできることをイメージしてアプリのデザインをしました。

開発後に弘前大学教育学部付属の特別支援学校の先生から連絡がありまして、『うちの学校で使ってみたい』と。1年ほど前のことです。結果、はっきりした効果が確認できたとのことで、これから共同で改良とさらなる検証に取り組む予定です」（工藤准教授）

卒業研究のアイデアから社会貢献の事例へ発展するケースが増えているという。

ココがPOINT!

紹介事例は「地域的課題を共有する人的リンク」を踏まえた提案や検証です。この人的リンク自体が重要な地域資源であり、問題解決の基盤。

長野県上田市
鹿教湯温泉

古き良き地域産業の再生へ

外部の目線で非日常を案内する異色ガイドブック。

古き良き温泉地にかつての輝きを取り戻させるには何が必要か。地域産業の再生へ向けた、学生たちによる取り組みが新たな連携に結び付きました。

地域の魅力を再発見するガイドブック制作に当たっては、入念な企画会議のうえ現地入りして3泊4日の取材。資料集めから住民インタビュー、撮影などを精力的に行った。
『ちいさいかけゆ』担当学生：井上麗、鈴木なぎさ、武田奈穂子
『シカメラ』担当学生：川井優、藤原あゆみ、野呂葵

採用されたのは『シカメラ』と『ちいさいかけゆ』の２冊だった。

岐路に立つ温泉街のデザイン

長野県上田市にある鹿教湯《かけゆ》温泉で、地域の魅力向上と活性化を目的とした長期的な取り組み「鹿教湯温泉１００年ブランド創造プロジェクト」がスタートしたのは２０１２年のことだった。

学会活動で携わる「鹿教湯温泉　地域デザイン会議」をきっかけにして、拓殖大学工学部デザイン学科の工藤研究室は、長野大学や千葉大学のデザイン系学科の学生らとともに、ボランティア活動として現地を訪れ、地域の人たちとの交流を深めながら、住民の意識調査に取り組んだ。このことが、鹿教湯との関わりの始まりだった。

工藤准教授が言う。

「鹿教湯温泉は古来、高度成長期には企業の慰安旅行の団体客でにぎわっていた時代もありましたが、旅行の形態が少人数グループの短期周遊型へ移行すると客数も減少傾向に転じました。そうした影響で町も活気が失われ、地元の温泉事業者や観光関連産業の人たちの危機感も募っているのです」

学生たちの具体的な取り組みは住民主体の地域活

長野県上田市データ
人口：157,489人
(2019年5月1日現在)
面積：552㎢
鹿教湯温泉：約30件の旅館とホテルからなる古くからある湯治場。

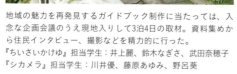

鹿教湯温泉は長野県上田市の山あいにある小さな温泉町。温泉名は、鹿に姿を変えた文殊菩薩が温泉の効能を伝えた伝説から「鹿が教えた湯」となった。最近は団体客などの減少と少子高齢化で、かつての活気が失われている。

性化活動を支援するコミュニティデザインの手法を使ったアプローチだった。地域の人々に地元の魅力を再認識してもらうために、外部の目線から地域資源を再評価して、観光用のハンドブックを制作することを目標とした。

「4年生8名が現地入り前に企画会議を開き、内容を吟味し、3泊4日の取材旅行に出かけました。資料収集や住民インタビュー、写真撮影を行い、冊子の編集作業に取り組みました。帰京後に、それぞれの班ごとにハンドブックのデザイン案を提案し、採用されたのが、魅力発見ハンドブック『シカメラ』と『ちいさいかけゆ』です」（工藤准教授）

地域の人にとっては見慣れた日常の風景に、新しい視点から光を当てることで、「非日常」の演出を狙った異色の観光ガイドブックとして編集した。

鹿教湯温泉と地域連携協定を結んだ

このアイデアを発表後、研究室では拓殖大学「学生チャレンジ企画」の奨励金を元手に、小冊子700部を製作し、観光協会側へ寄贈した。

「ガイドブックは現地の新聞メディアにも取り上げられ、SNSでも発信されたことから、現地には内外からの問い合わせ、反響があったと聞いています」（工藤准教授）

この活動が端緒になって以来、足かけ7年。2019年に拓殖大学と鹿教湯温泉は地域活性化のための包括連携協定を結んだ。

ココがPOINT!

学生と協働する価値を信じる地域の方々から、全面的な支援をいただいています。このような相互の信頼こそ、プロジェクト成功の価値です。

ロンドンで見つけた ソーシャルデザインのヒント

産業革命の先駆けとして明治日本の手本となったイギリス。
その首都ロンドンには、急速な近代化がもたらしたさまざまな社会的課題にいち早く直面し、
解決に取り組んだソーシャルデザインのヒントとなり得るユニークな事例が多く存在します。
現代の日本でも手本となる世界のデザイン思考のヒントを、2015年夏から1年間
グリニッジ大学建築景観学科で客員研究員として過ごした工藤芳彰准教授に解説していただきました。

1. 景観（Landscape）の活用

景観は人々の生活や歴史文化を体感できるデザイン資源。地域の新たな魅力を生み出すヒントがそこにあります！

光の祭典とアート

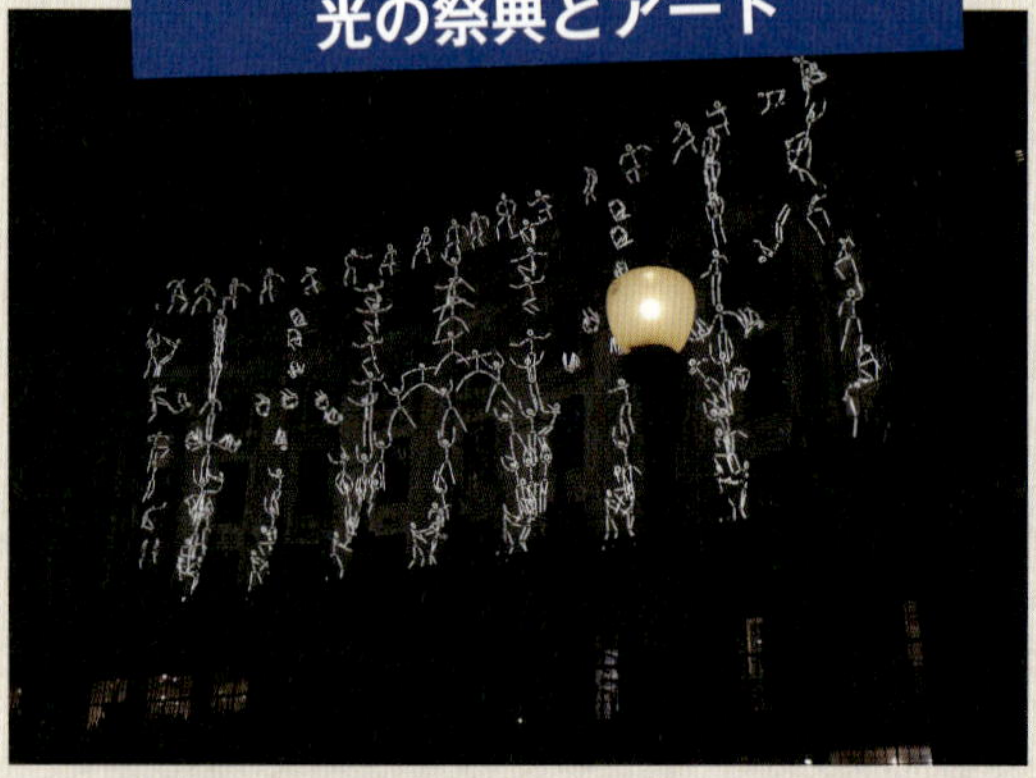

「リュミエール・フェスティバル」は、2009年にイングランド北東部ダラムで始まった、夜の街を舞台とする光の祭典です。ロンドン初の開催となった2016年に訪れたときのこと。ロンドンの目抜き通りのそこかしこに、光を題材としたさまざまのアート作品が展示されていました。ビルのファサードに設置された作品は、「Groupe LAPS」によるもので、音響効果とともに光る棒人間が明滅し、アニメーション効果を生みます。既存の街並みをデザイン資源として活用する好例です。

ランドマークという媒体

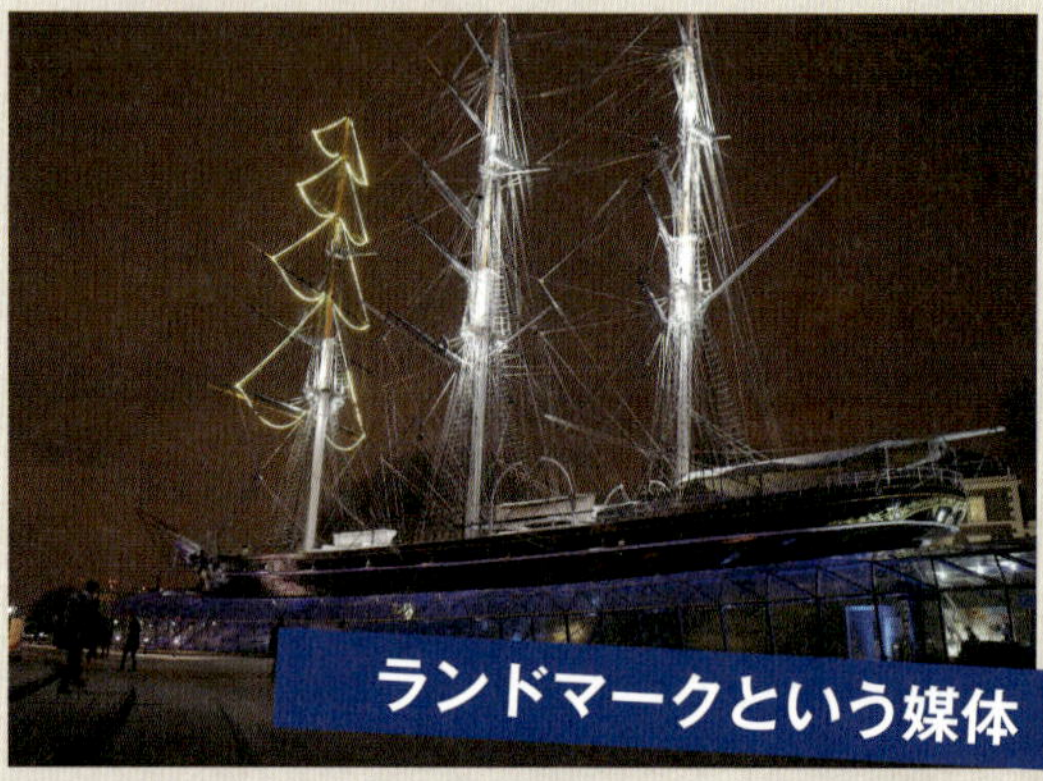

グリニッジ世界遺産区域のテムズ河畔にある海洋博物館。主役は、博物館に組み込まれた19世紀の帆船カティーサークです。スコットランド産のウイスキーの名称としても有名です。夜になるとマストに施されたツリー形の電飾が光を放ち、美しい景観に新たな魅力を付加します。同船のマストは、ある種のメディアとして利用、例えば大規模なLGBTQイベントの時期には、その象徴であるレインボーフラッグが掲げられていました。既往のランドマークをデザイン資源として上手に活用する好例です。

景観条例の存在を示す鉄骨

ロンドンは歴史的街並みを保全する厳しい景観条例が定められています。住民が、街並みこそ住民意識を高める共通知識であり、かけがえのない観光資源であることをよく理解しているのです。ロンドンを代表する目抜き通りの一つ、オックスフォード・ストリートで見かけた建築現場では、既存の建物のファサード部分が鉄骨で支えられ、新たな商業ビルの一部として活用されるのを待っています。

2. 物語（Story）の活用

物語は人々の共感を集め、知識を共有するための優れたメディア。既存の物語を再発見し、新しい物語を創出することで、ソーシャルデザインを展開することができます。

「ハリー・ポッター」の記念撮影

イギリスの現代児童文学を代表するハリー・ポッター・シリーズ。物語の舞台としても登場するキングスクロス駅のコンコースには、例の「9と3/4番線」の入口となる壁面が再現されていて、来場者が無料で記念写真を撮影することができます。隣接するハリー・ポッター公式ショップでは、買物の有無にかかわらず、店員が交代で列を成した観光客の写真撮影をサポート。ハリーが身に着けていたものと同じマフラーと、中世世界を象徴する「魔法の杖」が貸し出されて、物語の再発見を演出してくれます。

ビートルズと落書き

ビートルズのアルバム写真で知られる「アビーロード（Abbey Road）」。定期的に塗り直される音楽スタジオの塀は有名な観光名所です。世界中から訪れるファンがメンバーへのメッセージなどを書き込めるよう、「落書き自由」となっているのです。この落書きは「歴史的景観を特徴付ける地域資源」として活用されています。落書きを魅力的な地域資源として価値付ける、とても面白い事例です。

「忍耐と幸運」の象徴品

王立空軍博物館の売店で見つけた縫いぐるみは、驚きの物語の活用例。パラシューティング・ペンギンの「パーシー」は、ドイツ軍に撃墜され、捕虜となったのちに生還を果たしたパイロットの所持品で、忍耐と幸運の物語の象徴です。敗戦国の日本ではちょっと考えられません。物語活用の発想のよい手本になるでしょう。

記念コインの多様性

イギリスの記念コインも、物語活用の好例といえます。王立造幣局のホームページ（下記）を通覧すれば、その多様性に驚かされることでしょう。郵便局で販売されていた「ロンドン大火350周年記念」の２ポンド硬貨と、「ピーターラビット」シリーズで知られる「ビアトリクス・ポター生誕150年記念」の50ペンス硬貨（価格はどちらも10ポンド）。後者は分かりやすい物語の利用例といえますが、前者は歴史的大火という史実を一種の物語として捉え、コイン上に視覚化している点で驚かされます。これらは実際の買い物には利用できませんが、個人的な記念として、またコレクションの一部として、物語に想いを馳せる楽しみを与えてくれます。

http://www.royalmint.com

3. 公共（Public Things）の活用

イギリスでは芸術家やデザイナーが公共に魅力を付加する役割を担っていて、本来の役割を保ちながら、魅力を高めようとするソーシャルデザインの取り組みは、住民から尊敬を集めています。

デザイン教育の実践現場

V&A（Victoria and Albert Museum）は、1851年に開催された世界初の万博、第１回ロンドン博覧会を契機として、デザイン教育のために設立されたミュージアムです。ある日、入館して右手すぐの「中世～ルネサンス」の展示室で、見慣れない光景に。黒い囲いを覗いてみると、床面を形成するモザイクの修復中。聞けば、作業を担当しているのは修復学を専攻する学生で、気軽に見学者の質問に答えていました。入館料無料（寄付制）の公共の展示空間にデザイン教育の実践が融合した、見事な例です。

地下鉄駅の通路空間と音楽

ロンドンの地下鉄交通局は、利用者の移動ストレスを軽減するために、さまざまのアプローチを図っています。「この音楽があなたの移動を助けます」の取り組みもその一つです。キャナリー・ワーフ駅のコンコースに設けられた舞台では、クラシックから電子音楽、民族音楽まで、多様な楽曲が演奏されます。通路空間に魅力を付加し、ミュージシャンに表現の場を与える素晴らしい事例です。

金色の郵便ポスト

ロンドンは、世界で最も早く郵便制度を整備した都市。真っ赤な郵便ポストもイギリス発祥で、最も古いタイプにはビクトリア女王統治時代に設置されたことを示す「VR」の文字が刻まれています。珍しいタイプは、チェジックで見かけた金色の郵便ポスト。ロンドンオリンピックの金メダリストゆかりの地域で、その偉業を顕彰するために塗り替えられたものの一つです。

「公共の歴史」と広告塔

真っ赤な２階建てバスといえば、ロンドンを走る路線バス。実際には、定期的に新型車両が導入されるため、複数の形式が共存しているのですが、とにかく「真っ赤な２階建てバス」が街の象徴として国内外で認知されていること自体、公共の活用の好例です。「ルートマスター」と呼ばれる初期のロンドンバスは現役を引退した現在でも、数台が広告塔として、その歴史を活用されています。

4. チャリティー（Charity）の活用

チャリティーの本質はコミュニケーションであり、その質をいかにデザインできるかが重要です。笑顔で人と接し、楽しみながら慈善活動を行うイギリスの人たち。その姿勢の中に学びのヒントがあります。

ナショナル・トラストの歴史

ナショナル・トラストは、歴史的名所や自然的景勝地の保護を目的として、1895年に設立されたイギリス最大のボランティア団体です。ビアトリクス・ポターが、開発の危機に瀕した湖水地方の土地を買い上げ、寄付したことはよく知られています。英国へ入国して早々に入会して家族会員となり（当時、年額104ポンド）、配送された分厚い紹介冊子を吟味して、ロンドン内外の文化遺産を巡りました。イギリス南部ウェセックスに所在するコーフェ城もその一つです。この城は清教徒革命の影響で、1646年にわずか数カ月で破壊され、木材や石材はほかの建物に流用されました。

多様化する赤いポピーの飾り物

第一次世界大戦の停戦日に当たる11月11日は、イギリスの戦没者追悼記念日。街中で募金活動が活発になり、街行く人々の胸には赤いポピーの飾りが目につきます。戦場に咲き乱れていたというポピーは追悼の象徴です。これらの募金や売り上げは、傷痍軍人や残された家族のために使われます。若い世代を含めた社会的意識を育むとともに、追悼表現の選択肢を多様化する、優れた取り組みといえるでしょう。ウエストミンスター寺院前に設置された寄付受付所では、寄付すると、前庭の指定場所に打ち込むためのポピーグッズを選ぶことができます。たくさんのポピーがモニュメントを形成する、寄付を視覚化する仕組みです。

古着のリユース促進の役割

商店街「キルバーン・ハイ・ロード」にあった3体のマネキンが並ぶ古着販売店「トライド（traid）」。店内には古着が並ぶのみ、消費を刺激するような飾りの類いは見当たりません。同店は古着のリユース促進を目的としたチャリティー・ショップで、ロンドンに展開する11店舗の一つ。商品となる服飾品の寄付から店員まで、多くのボランティアが支えているのです。陳列されたマネキンは定期的に衣装を替え、人々のチャリティーに対する注目を集め、保つ役割を担っているのです。

拓殖大学　工学部デザイン学科　永見豊准教授

デザイナーは夢を語る仕事
幸せになる「共感物語」を描く！

地域活性化を目的とするまちづくりの現場で、
人々が幸せになるまちのデザインとは何か。
公共デザイン担当の永見豊准教授に、まちの未来像を描くヒントを聞きました。

撮影・有田帆大

「シクミ」をデザイン まちの目標像を共有する

「デザイナー」と聞くと、一般の人は、ファッションやインテリアのデザイナーを思い浮かべるのではないでしょうか——。

確かに、デザインの対象は、洋服やインテリアなどの商品や空間という目に見える「モノ」のデザインから始まりました。人々の生活水準が向上し、価値観が多様化するにつれて、時代とともにユーザーが体験する「コト」もデザインの対象になり、現在では「モノ」と「コト」、そして、ユーザーである「ヒト」をつなげて動かす「シクミ」へと広がっています。

つまり、デザインとは、想像力や構想力を使って周囲に働きかけ、さまざまな関係を調整する行為と言えるでしょう。

私は工学部のデザイン学科に所属しており、プロダクトデザインコースの中で公共のデザインを担当しています。

デザイン教育では、「モノ」のデザインから始め、スケッチや模型制作を通して、美しさや使いやすさ、造形との関係を追求します。次に、商品をどう使うか、どんな体験を生むか、ユーザーと「モノ」の関係を考える、つまり「コト」のデザインに進みます。そして、「シクミ」のデザインです。企画したアイデアの実現化を目指して、商品と人と環境との関係が良好に継続する「シクミ」を考えます。

地域活性化のテーマでは、「何をして過ごしたら楽しいのか」「美味しいのか」「気持ちが良いのか」と自分に問いかけながら感覚を研ぎ澄まして、新しい価値を見いだして、多くの関係者の協力を得る必要があります。そのためには、共感できる目標像を設定し、イメージを共有する、デザインの取り組みがますます必要になっていくと考えています。

コンセプトの共感 新たな価値の発見

地域活性化を目的とするまちづくりでは、関係者が共感できるコンセプトづくりが重要です。

コンセプトを考える際に必要なプロセスは「着想」と「発想」です。「着想」するには、まちづくりの現地を訪れ、観察し、地域の人の話を聞き、まず自分自身の問題として対象と向き合い、問いかけながら価値を見いだしていきます。

「発想」とは、着想で得たヒントをアイデアとして出していく段階です。グループでアイデアを出し合う方法としてはブレーンストーミングやＫＪ法が広く知られています。ブレーンストーミングでは、思い付いたアイデアをどんどん付箋に書いてホワイトボードや模造紙に並べて見える化していきます。その際、意見に対する否定や結論は出さず、ユニークな発想も尊重して、とにかくアイデアを拡散していきます。出尽くした段階で出てきたアイデアを結合し発展させ、収束していきます。関係者が一緒に考えることで一体感が高まり、コンセプトの共感ができます。

私はまちづくりの現場では、グループワークを実施して、どんなまちにしたいかを考えるきっかけづくりをしています。これにより、参加者に自分自身の問題としてまちづくりの課題や要望を共感できるからです。

例えばまちの未来像を共有し、関係者の合意を形成するには、プロトタイプを使ったデザイン検討が有効です。

コンセプトの具現化では、つくりながら考えてアイデアを収束させていきます。スケッチやＣＧ、模型を使って多くのアイデアを表現します。簡易的に制作する模型をプロトタイプと呼びますが、例えば、橋のデザインでは、スチレンボードで簡易的に主塔の模型を制作し、コンセプトの整合性を確認したり、新たなアイデアを出すきっかけにします。

私が提案した「公園のリニューアル計画」では、子どもと大人の憩いの広場をコンセプトとして、整備例の簡易模型を製作しました。模型により具体的に利用するときのイメージが共有でき、ほかのアイデアや改善点など、議論が活発化しました。

未来を語るデザインの役割

デザインを取り巻く状況や要請は時代とともに大きく変化しています。

私は大学時代の恩師から「デザイナーは夢を語る仕事」だと教わりました。デザイナーは新たな価値を創造し、暮らしを豊かにすることを目指しています。人々を幸せにする、夢のある目標像を示し、共感できる物語をつくることで、賛同者が増え、デザインが実現していくからだと思います。

地域活性化を目指すまちづくりの活動では、地域の皆さんと一緒になって、持続可能な未来を語ることが、これからのデザインの役割だと考えています。

永見豊《ながみ・ゆたか》さん

1967年千葉県生まれ。千葉大学大学院工学研究科工業意匠学専攻修了。建設コンサルタントとして橋梁の景観設計に携わる。専門は景観デザインで、近年は地域活性化や交通安全対策にも取り組んでいる。

東京都
八王子市清川町

「住民参加型まちづくり」10年プロジェクト

ゆとり・ふれあい・やさしさ 豊かさを実感できる「まち」を求めて。

高齢化が進む東京都八王子市にある清川町・太陽地区の戸建て住宅団地。永見研究室はこの地域と10年継続した「まちづくりのデザイン支援」を通じて、向き合ってきました。

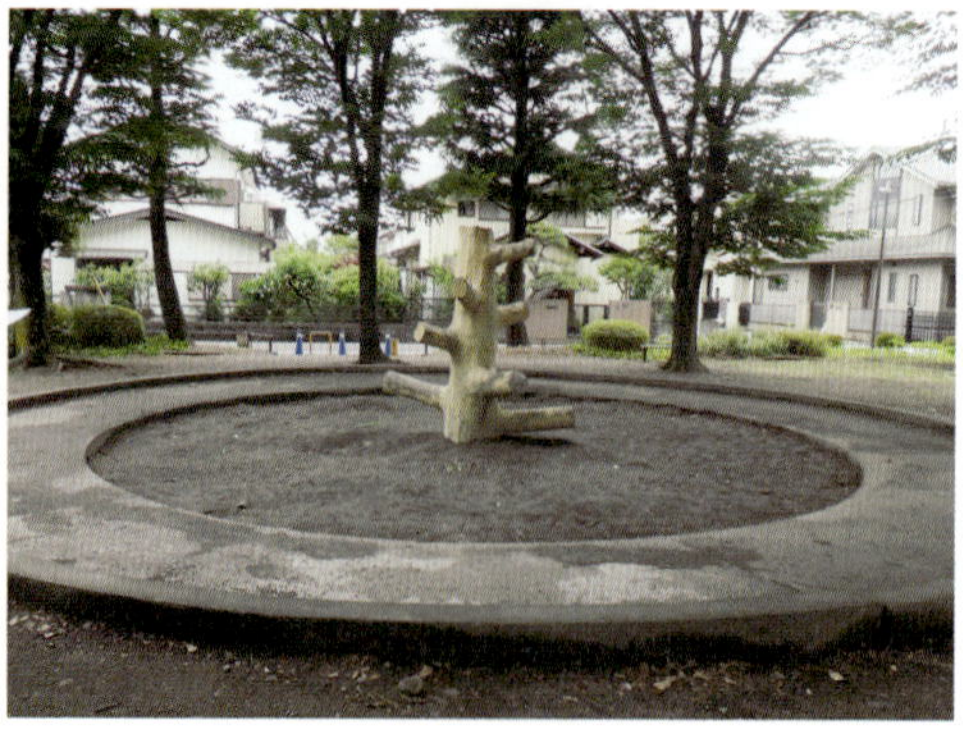

まちづくりの始めに取り組んだのは住民たちのアンケート調査。その後、意見交換会を重ね基本方針を定めた。児童公園の多目的利用や住民の高齢化による交流の機会づくりなど、さまざまな意見が提案された。

街区公園の再生プランのコンセプトは「遊びと休憩の空間づくり」だった。幅広い世代に「長く住み継がれる街づくり」に向けた活動が広がり始めた。八王子市では景観づくりの実践として「公園アドプト制度」という市民が公園管理者と協働して公園を維持管理する活動を行っている。

まちづくり専門家として アイデア提案を行ってきた

「八王子市では『地区まちづくり条例』により、住民主体となって行うまちづくり活動の仕組みを定めています。清川町・太陽地区では、『まちづくり準備会』を市に登録し、地域の抱える課題解決に向けて活動を行ってきました。私がまちづくりの専門家であることから、相談を受けたことがきっかけとなり、アイデア提案に向けての取り組みが始まったのは、10年前の2008年のことです」（永見准教授）

八王子市清川町・太陽地区は1970年ごろに整備された戸建て住宅団地で、JR西八王子駅から2キロのバス圏内に位置する。

「もともとこの清川町でまちづくり活動が始まったきっかけは2007年4月に、地域内にある小学校前の道路の車両通行止め制限が解除されることが持ち上がったことでした。このエリアの交通量が増加すれば小学校の通学路としての安全性に問題が生じるからです。

しかし、この時、行政側に反対要請したものの、計画そのものは見直されることはありませんでした。そして、10月には浅川を渡る都市計画道路の事業化についての説明会が開催され、地域の暮らしを守るためには住民からの具体的な対策を提案するまちづくりの必要性を痛感させられたのです」

こうして住民たちは、住民参加型のまちづくりを進める組織として08年に「清川町・太陽地域再生まちづくり準備会」を設立した。

再生プランには公園や河川敷の模型をつくり、佐藤開紀、佐藤理貴、鈴木俊の３名がコンセプト説明

清川公園の再生プラン提案

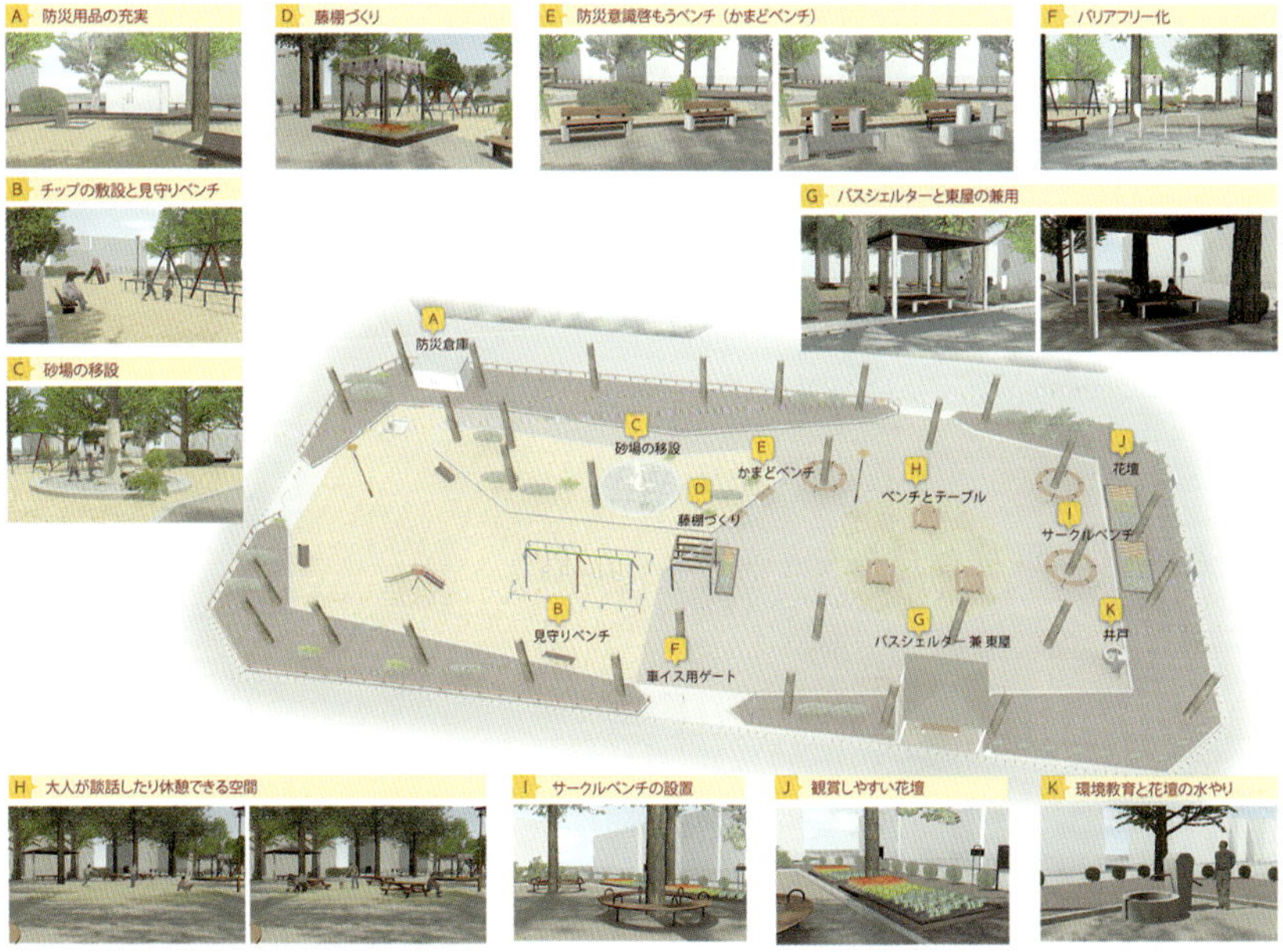

浅川河川敷広場の計画

準備会の渡邉常義会長。

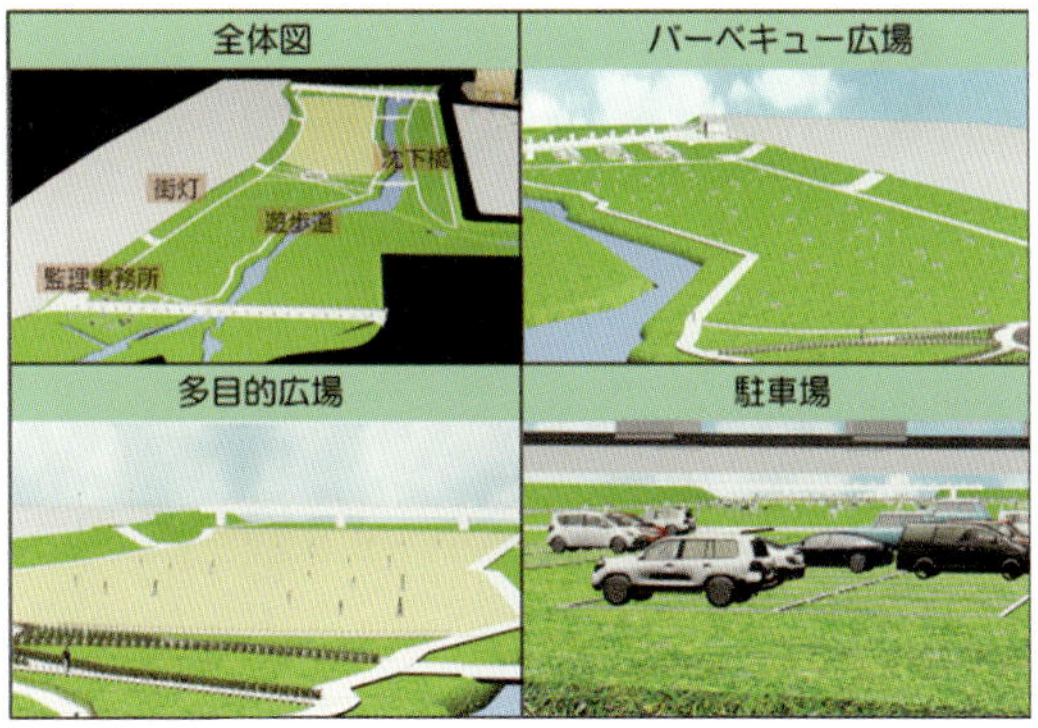

八王子市浅川河川敷広場の整備計画では、①水害対策、②広域避難場所、③緊急輸送の拠点という機能を持たせた整備を考えた。

「始めに取り組んだのがアンケート調査でした。児童公園の多目的利用、高齢化に伴う交流の機会づくりや暮らしづくりなど、さまざまな意見が挙げられたそうです」

住民アンケート調査を踏まえて、定めた方針は「ゆとり・ふれあい・やさしさが実感でき、長く住み継がれる街」をつくることだった。

公園と河川敷の再生案も準備会から連絡会へ

さらに、インフラの整備を八王子市へ要望するための具体的なプランをまとめる必要に迫られて、準備会の渡邉常義会長から、永見准教授のところへ「公園リニューアルや河川敷の整備について」のまちづくりの相談が持ちかけられたのだった。

永見研究室が住民の要望を聞きながら、コンセプトを立てて提案したのは公園の再生プランだった。

①【街区公園のリニューアル】

清川1号公園は、大きく成長した樹木により豊富な緑陰があるが、砂場が大部分を占めており、十分に活用されていなかった。そこで「遊びと休憩の空間づくり」というコンセプトを設定した。

「住民の中には防災への対応を望む声もありました。しかし、防災公園としての整備はできないため、防災学習の場として、かまどベンチや井戸の設置も提案しました」

②【河川公園の整備方針】

隣接する河川敷は野球場やゲートボール場が整備されているが、まだ使われていない空間が残っている。清川町・太陽地区のほかにも隣接する地域の住民が活用できるよう整備方針を検討した。

渡邉会長がこう話した。

「まちづくり準備会から協議会へ認定された後に、今回の公園プランを市に提案していきます。さらに河川公園は周辺の町会・自治会の協力が得られ、『浅川の保全と利用・活用に関する連絡会』を結成し、東京都への働きかけが進んでいます」

地域連携のまちづくり事例に取り組んで10年。継続的な関係はいまも続いている。

ココがPOINT!

キーワードは「主体的な参加・持続・展開」。まちづくり準備会のメンバーは住宅団地完成時の住民で、まちを知り、愛着ある人たちだからこそ活動が継続している。

東京都
八王子市

学生チーム、デザインの挑戦

1964年、東京五輪の熱狂再び 八王子に自転車の聖地を復活させよう！

1964年の東京五輪――。その時、東京・八王子は自転車レースの聖地になりました。往時の熱狂を復活させるべく、学生たちが熱き想《おも》いを込めたデザインの挑戦！

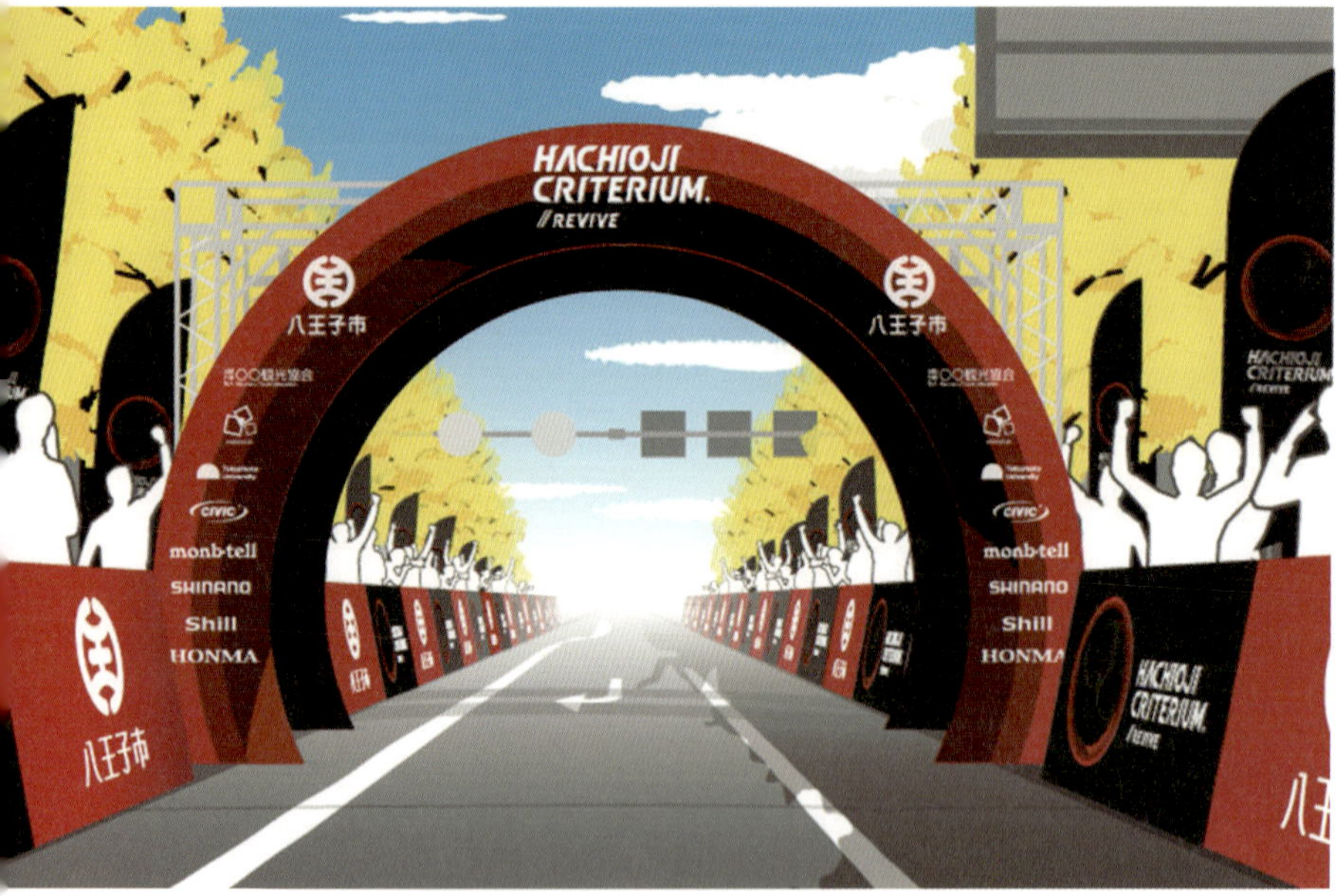

HACHIOJI CRITERIUM.
//REVIVE

「新たなるサイクルロードレースの聖地・八王子」を目指す「TEAM FUJI参」のメンバーと永見研究室の学生たち。シンボルマークのコンセプトは「車輪のホイール部分をモデルに、光沢感を与え、栄光の輝きを表した。その光で八王子を再び照らしてほしいとの願いを込めて」（永見准教授）

「TEAM FUJI参」デザインの力で熱い提案

1964年の東京五輪、東京都八王子市は自転車競技ロードレース・トラックレースの聖地となった――。開催地となった周辺地域では、五輪開催前の美化活動や道路建設など、にぎわいを見せていたという。

「八王子に64年五輪当時の熱狂を再び！」

そんな熱い想いが、このアイデア企画の動機付けになっていた。

永見研究室の中でつくられた「TEAM FUJI参」という自転車ロードレース復活を企画するデザインチームは、佐藤大地、吹金原滉那、根本怜希、近藤翔太、佐藤祥の5名の学生だった。

『TEAM FUJI参』は、これまで大学生観光まちづくりコンテスト2016山梨ステージ、第8回コンソーシアム八王子学生発表会、富士川町まちづくりシンポジウムの合計3回にわたって、自転車レースによる、地域活性化の発表を行ってきました。発案のそもそもの狙いは、地域の課題を自転車ロードレースで解決していこうという内容でした。アピールポイントは、学生たちのデザインの力を活《い》かして、レース日程やコースなどロードレースの大会内容や大会シンボルマーク、グッズアイデアを多用して、より鮮明なイメージを提案したことでした。とくにコンソーシアム八王子学生発表会では、その内容が高く評価されて特別賞を獲得することができました」

八王子市は2020年の東京五

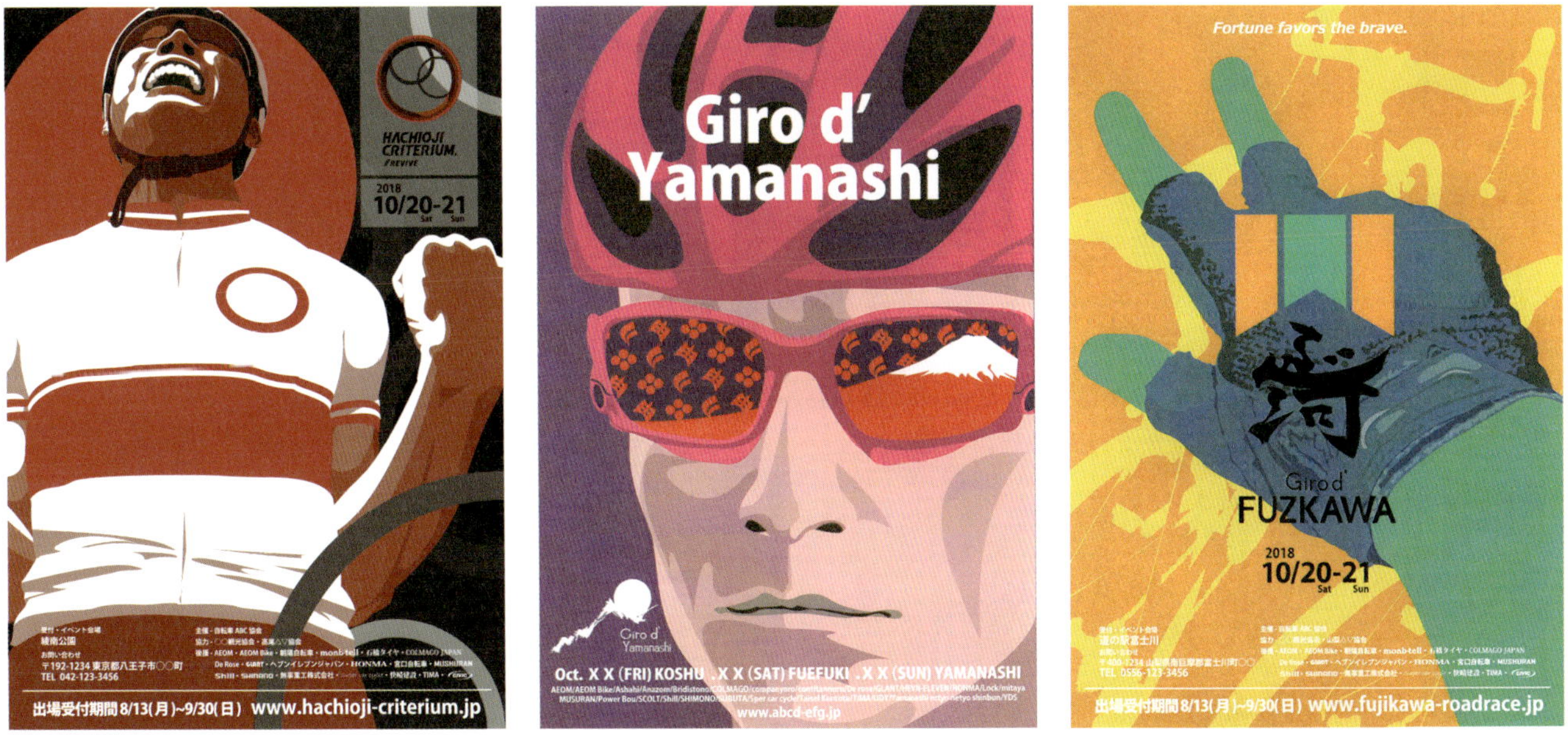

左から八王子、山梨、富士川町の3カ所で提案した自転車レースによる地域活性化プラン用の力作ポスター。発表したコンソーシアム八王子では「特別賞」を受賞した。

輪の自転車競技の開催地誘致に向けて、活動を続けてきたが、関係者以外には一般にあまり認知されていない。ましてや、64年の東京五輪の往時の記憶は、住民の間でさえ薄れている。

「八王子がオリンピックの開催地になったということは、いまの自転車ロードレースファンたちにはほとんど知られていないのではないかというのが発想の原点でした。いまの自転車競技人気の中で、ロードバイクのファンなどにとって、聖地といえば、アジア初の世界選手権自転車競技大会が開催された栃木県宇都宮市。同市は世界選手権開催後も、毎年プロのロードレースイベントを開いています。しかし、八王子にはその宇都宮にも劣らないポテンシャルがある。そして、自転車競技人口の高まりのあるいま、これらを有効に活用して、八王子市のさらなる発展へ貢献できるアイデアだと考えたのです。『新たなるサイクルロードレースの聖地・八王子』として、64年の東京五輪時代のイメージをモチーフとした自転車レースイベントを提案する企画を考えました」

大会ポスターのテーマは雄叫《おたけ》びを上げる「再生」

大会の競技内容は、アマチュア向けの「クリテリウム型ロードレース」である。クリテリウム型とは「市街地や公園などの比較的短い距離を周回するレース」を指す。長房町にある陵南公園を会場として、64年東京五輪開催時と同じ周回形式のコースを整備して使用すれば実現性が高いと提案した。

提案されたデザインには、そんな熱き想いが込められている。

「大会ポスターのテーマは『再生』です。『再び生まれる』というイメージを雄叫びを上げる選手で表現したものでした。選手が着用しているジャージは当時の五輪を思わせる要素として、自転車競技の日本代表が着用していたものをイメージ。ポスターの背景には五輪と日の丸をあしらいました」

埋もれていた八王子のレガシーが、そこにある。

ココがPOINT!

1964年東京五輪の自転車競技の開催地が八王子という歴史的な強み。自転車競技人口の高まりを受け、聖地になるようなブランド構築がポイント。

広島県
呉市三角島

「何もない」を強みに変える発想

「ヒトが動く!」仕掛けづくり日本の離島を元気にするデザイン。

遠く離れた離島でも、一度は訪れてみたいと思わせる仕掛けづくりの発想法。「何もない」からこそ、できることがあります。視覚的なデザインのヒントとは——。

1.久比港から三角島までフェリーで10分。**2.3.**島の特産物のレモンを使った酒造や商品販売を展開しているベンチャー企業の三宅紘一郎社長（右）との関係からインターンシップへ。島民の平均年齢75歳、人口は34名。**4.**島全体をキャンプ施設として提案した。**5.**アイデア出しのために島には2回現地調査入り。参加学生は志賀華、深水桃子、相田要の３名。

「この島に行ってみたい」ココロを動かす企画の提案

三角島《みかど》は広島県呉市の瀬戸内海に浮かぶ小さな島。大崎下島の久比港からフェリーで10分の距離にある離島である。島民はわずか34名、平均年齢は75歳で高齢化しており、日本の離島問題を象徴する島である。

この島で、島の特産物であるレモンを使った酒造や商品の販売を展開しているベンチャー企業の代表取締役・三宅紘一郎さんと、拓殖大学商学部の潜道文子教授との個人的なつながりがきっかけとなって、大学生によるインターンシップ参加の交流が始まった。

「潜道ゼミの学生は現地の企業で働きながら、地元の人とつながりができましたが、永見研究室のゼミ生3名は、三角島の活性化に向けてアイデアを出す取り組みとして、２０１６年7月と11月の2回、島を訪れました。住民の方たちとの交流や呉市役所での意見交換、そして三宅社長との話し合いを通じて、学生から島の活性化プランを提案することになったんです」（拓殖大学工学部・永見准教授）

ポイントは、「いかにして島に人を呼び込むか」ということ。「この島に行ってみたい」と思わせる、心を動かす仕掛けづくりの企画に挑戦した。

学生たちから提案された企画は3点だった。

①【みかど島ぴっかりこキャンプ】

住民との対話の中で、「この島を第二のふるさとのように親しんでもらいたい」「孫の世代に島の暮らしをつなぎたい」という意見

人口：34人（2015年10月1日現在）
面積：0.75㎢

三角島の広告プラン

6.観光客の動線の入り口となる車内広告。7.古民家を活用した受付。8.三角島の見どころを案内するパンフレット。

を聞き、まず考えたのが、定期的に島を訪れるリピーターを増やす方法論だった。

三角島は野菜や柑橘類、海の幸が豊富で、夜になると海辺は真っ暗になるが、夜空には美しい星空が広がる。これらの「ありのままの姿」こそがオンリーワンの島の価値と捉えて、アウトドアで人気のキャンプ場を設置するプランを立案した。観光客の動線としては電車の中づり広告からWEBの申し込みサイトまでの流れを想定。島での受付窓口となる施設の木製模型を製作してイメージを具体化させた。

SNS交流「みかどっこ」みんな島の子どもである

「企画では、このキャンプ受付事務所は古民家をリノベーション改装して再利用することを想定しました。そこを単なる受付事務所にするのではなく来島者と住民が気軽にコミュニケーションできる開放的な空間にするイメージでした」（永見准教授）

②【三角島の色彩ガイドライン】

三角島のブランド価値を高める仕掛けとして、建物や広告物に色彩ガイドラインを設定した。住民との意見交換から四つの象徴的なエリアごとに色彩を決める案が決まった。この色彩ガイドラインを小冊子にまとめ、イメージの可視化を図った。

③【三角島SNS「みかどっこ」】

インターネット上で島の地域活性化に関するアイデアの交換や交流を図るプラットフォームとなるSNS「みかどっこ」の開設を提案。住民と島外のファンたちをつなげる仕組みづくりが狙いだった。

「このSNSにはログイン段階で住民らの安否確認もできる機能を付けるアイデアも盛り込みました。それによって健康状態の確認もできるようにするためでした」（永見准教授）

島民との交流を促すことを狙ったSNS「みかどっこ」。その名前には「島を訪れた人はみな三角島の子どもである」という島民の想《おも》いが込められていた。

ココがPOINT!

街灯もない、車も通らないからこそ夜空に広がる星を眺めることができる。波の音を聞くことができる。「畑と海しかない」を強みに変える発想。広告方法がポイント。

青森県

きっかけは、インターンシップ！

「学生あおもりんぐ」プロジェクト 斬新な若者目線プロモーションを提案。

全国の大学生たちが参加する「まちづくりコンテスト」は年間を通じて開催されており、人気を博しています。学生目線の企画提案にいま注目が集まっています。

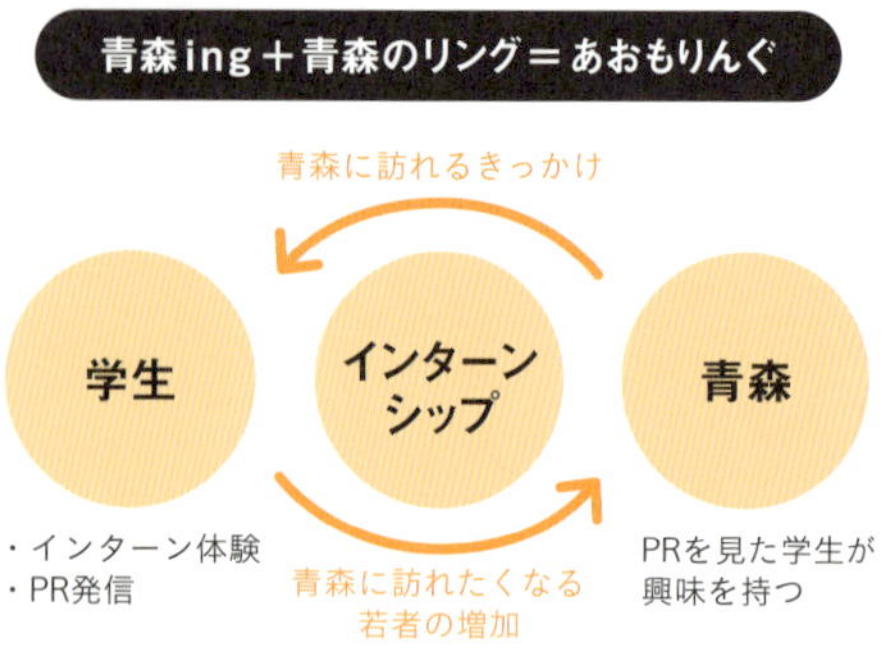

青森と弘前で考案された「告知方法」にウラ仕掛け

全国で毎年定期的に開催される「大学生観光まちづくりコンテスト」。この大会では、全国の大学生を対象に現地でのフィールドワークを通じて、新しい観光まちづくりのアイデアを競う。

永見研究室の学生は2015年、青森ステージへの提案を行った。タイトルは「きっかけはインターンシップ！学生あおもりんぐプロジェクト」。

提案の目的は「青森へ行ったことがない学生」に向けて、「どうしたら青森に行きたくなるか」という仕掛けを提案すること。青森の文化と体験の動機付けとして、インターンシップを通じて、①大学の単位認定、②地元へのホームステイ、③PR企画を立案することだった。

インターンシップは青森市と弘前市に分けてそれぞれ考案した。ねぶた祭りや雪灯籠祭りの体験などを通じて、独自の文化を学び、魅力の再発見。その後に学生目線で考えたまちのPRプランを製作することだった。

「提案の中で力点を置いたのがインターンシップの告知方法です。一風変わったWEBページを作成して学生の関心を高めることに注力しました。その一つの仕掛けが表ページと、その先にある隠れページを設けたことです。ネガティブキャンペーン風にWEBサイトに『学生があおもりんぐプロジェクトに参加してはいけない三つの理由』を掲載したのです。常識的にはあり得ませんが、あえて奇抜

人口：1,250,444人（2019年4月1日現在）
面積：9,644.55k㎡

「大学生たちのニーズを知ることが、若者の交流人口を増やすアイデアの近道になる」と永見准教授は言う。左側写真は、青森の企画に参加した吉田圭汰、中村絢音、深水桃子、志賀華、佐藤開紀の5名。

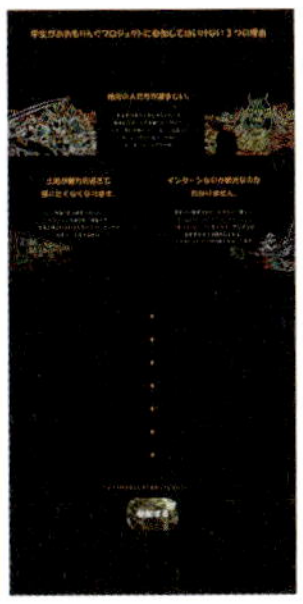

「WEBページ作成には学生たちの関心を集めることに注力しました。あえて奇抜に、クチコミ拡散効果を狙いましたが、結果的に、このアイデアが『クリエイティブ賞』につながりました」（永見准教授）

さを狙い、SNSでのクチコミ拡散を狙ったのです。結果的にはこの斬新なアイデアが審査員たちの目に留まり、『クリエイティブ賞』を受賞しました」

こうした学生目線の「まちコン」は増加傾向にある。学生目線のアイデアを発掘して、実際に行政とともに具体的な計画を作成するケースも増えているという。

「まちコン」参加者激増 行政も企業も注目する

学生たちの発表の場も、全国の自治体を含めて開催方法はさまざま。主なものは以下の通り――。

★「大学生観光まちづくりコンテスト」――「2011年から始まった地域活性化プランを競う全国的なコンテスト。現地調査を経て新しいアイデアを創造することが求められる。参加チームは約2カ月かけて指定地域の『まちづくりプラン』を作成する。優秀なプランについては事務局のJTBグループが自治体と商品化やプロジェクト化を検討します。第一回開催時は参加者約160名でしたが、2018年は250チーム1000名超の参加者となり、年々増加傾向です」（永見准教授）

★「社会人基礎力育成グランプリ」――「2007年から始まった経済産業省主催のコンテスト。大学生がゼミや研究室単位で参加し、その内容を競うもの。社会人基礎力とは『前に踏み出す力』『考え抜く力』『チームで働く力』の三つの能力。地区予選と全国決勝大会の二つの大会があります。

2017年には拓殖大学商学部潜道ゼミの『瀬戸内海に浮かぶ、広島県呉市の三角島活性化を目的とした地方創生活動』が経済産業大臣賞を獲得しました。

また全国各地の大学コンソーシアムでは地域の大学などが参加できる大会を催しています。テーマは産学連携や地域活性化につなげるもの。農業や観光などが主な部門です」（永見准教授）

行政や企業も、斬新な大学生たちのアイデア出しに注目しているという。

ココがPOINT!

大学生たちのニーズを知ることが、若者の交流人口を増やすアイデアの近道になる。大学と連携した「地域活性化プラン」が増えている。

「ヒント」を「カタチ」にする！

“若者目線”のアイデアが、いっぱいあります。

大学生による地域活性化のデザインプロジェクトには、
若者目線のアイデアがいっぱいあります。
永見研究室が実践したデザイン事例から、ポイントを解説しましょう。

解説：永見豊研究室

富士川町

ゆずのまち富士川 香るまちプロジェクト

提案者：芎田紘平、木嶋大輔、関根妃奈子、竹内健汰、松本恭佳、安田美里
発表：2017富士川町まちづくりシンポジウム

「富士川町へクルマの『免許合宿』で訪れた人たちに、特産物である『ゆずの香り』を利用して、まちの記憶を蘇らせる地域活性化のプランを提案したものです。富士川町には『免許合宿』で都心から多くの大学生が訪れています。しかし、教習所へ来た学生に『富士川町へ来た』という記憶が薄いんです。このツールをきっかけに、首都圏大学生の交流人口を増やす狙いでした。嗅覚は記憶を司るともいわれていますから、モノだけではない“香り”に着目したのです。コンセプトは『香りで蘇る！富士川の記憶』でした。特産物のゆずの香りを使ったアロマグッズとポスターを作成して提案しました。ゆずから抽出したアロマオイルと地元の木材を組み合わせ、フレグランス製品をデザインしました。町長からは『目からウロコでした』と斬新なアイデアが高評価でした」

1

2

1.「ゆず」は地元の人たちにとっては当たり前のものだったが、訪問客には新鮮な記憶が残るものだった。2.道の駅「富士川」では、アイデアが生かされて「ゆずの香り」が導入された。

▼ゆずの香りを用いた「ゆずアロマボトル」

▼木製のアロマグッズの「アロマコンパクト」と「アロマバングル」

POINT

首都圏の大学生をターゲットにした運転免許合宿の機会を利用して、「交流人口」を増やすプランを提案したのがポイント。記憶を蘇《よみがえ》らせる「着想」は唯一無二の視点だった

八王子

「はち包《ぶろ》」による地域ブランドの認知度向上の提案

提案者：恋塚基、辻村清奈、前田菜の子、毛姜楠
発表：2018大学コンソーシアム八王子学生発表会　観光セッション

「八王子や高尾山を訪れる外国人旅行者向けに、もっと地元の特産物のお土産品を知ってもらうため、多摩織物を使った風呂敷で、日本酒『高尾の天狗』を包んだ商品を販売して地域ブランド化を図る提案をしました。高尾山は人気の観光スポットですが、観光客は下山後に、高尾の里商店街などに立ち寄らず、回遊せずに帰宅する傾向が高い調査結果がありました。そうした地域の魅力をアップデートする狙いで、商品開発したものでした。扇子や手ぬぐいなど日本らしいお土産は外国人に人気の高い商品。日本文化の風呂敷と海外でも受け入れられている『SAKE』を組み合わせて付加価値を高めました。ブランド確立を意識して『はち包』のロゴデザインもあしらいました。多摩織物は丈夫なので、風呂敷としても長く使うことができます。これをきっかけに、八王子という地域名を認知し、日本文化の一端を感じてもらうことが狙いでした」

▶地元の日本酒「高尾の天狗」を製造している「はちぷろ」から、ブランドとして育てていく協働提案があった。

▼地域資源の多摩織物を使った風呂敷で、日本らしさを訪日外国人にアピールした。

▲ひらがなの「は」と「ち」で、漢字の「包」を表現した。やわらかく表現することで親しみやすさを出す。

1. ミシュランに認定されてから高尾山は世界一の登山客を誇る観光地になった。
2. 道の駅八王子滝山で扱う地域の特産品は、八王子市のホームページや市役所の展示コーナーでも紹介されている。

POINT

実現の可能性や説得力あるプレゼンテーションが評価されて満場一致で最優秀賞に選ばれた。訪日外国人向けの地域ブランド化は日本文化の再発見がポイント

八王子

真戦野菜プリンスエイト
～ご当地ヒーローによる八王子野菜のPR～

提案者：芝澤匠、菅谷優子、木村聡汰、泉川央樹
発表：2018大学コンソーシアム八王子学生発表会　農業セッション

「八王子市でつくられている地域の野菜の認知度を高めるために、ご当地ヒーロー『真戦野菜プリンスエイト』のキャラクターをつくり、ＰＲ作戦を考案したものです。八王子市内では、江戸東京野菜と呼ばれる川口エンドウ、八王子ショウガ、高倉ダイコンなどたくさんの野菜がつくられていて、『八王子農業祭』も行われているのですが、認知度を高めるにはあまり大きな効果につながっていなかった課題を抱えていました。キャラクターは八王子の『八＝エイト』と『王子＝プリンス』から『プリンスエイト』と命名しました。外観は王冠に赤いマントを身に着け、緑黄色野菜をイメージしたもので、赤と黄色、緑を用いたカラー。8種類の武器を駆使して、ピンチの際には野菜を食べパワーアップするストーリーでした。ヒーローショーを行うことで、地域の子どもたちにも八王子野菜を知ってもらうきっかけになり、ヒーローが野菜を食べてパワーアップすることにより野菜をもっと好きになる食育の効果も考えて企画を提案しました」

▲8種類の武器は「ショウガヌンチャク」「エンドウアロー」「ダイコンソード」「ナスハンマー」「ニンジンランス」「パッションググローブ」「シイタケシールド」「タマネギバズーカ」。

▶キャラクターの色は、緑黄色野菜の赤と黄色、緑を用いた。ヒーローショーを行うことで八王子の子どもたちにも地元の野菜を知ってもらう機会につなげる考えだった。

◀▼缶バッチやストラップのグッズもデザインした。

POINT

発表時の舞台パフォーマンスも効果的で、独創的なアイデアだったことから最優秀賞に選ばれた。幼稚園や小学校へ出向き、食育を通じて八王子野菜の認知度を高める狙い

◀ミニトマトは飴玉のような甘さと太陽のような赤さが印象的。

小笠原

産学連携
小笠原トマトPRプロジェクト

提案者：沈得正、竹下成美、富澤俊紀、胡エンテツ
発表：2013拓殖大学学生チャレンジ企画

「提案したのは、小笠原母島のトマトとパッションフルーツのＰＲ方法や媒体のデザイン制作でした。東京都元職員を通じた協力要請だったので、産学連携のプロジェクトを立ち上げて実地調査を行いました。農園の現場調査から生産や販売の方法の実態など、住民との意見交換を通じて要望の全体像を把握しました。制作物をつくるコンセプトは『太陽の贈りもの』。特に小笠原のミニトマトは飴玉のような甘さと太陽のような赤さが印象的でした。制作したものは、①郵送や店頭販売用のパッケージの改良案、②農産物を紹介するパンフレット、③島の農産物を宣伝するポスターの３点でした。地域の魅力や栽培方法、そして食べ方、レシピまで紹介するデザインを考えました。ポスターは店頭用と船内用の２種類を制作しました」

1.小笠原母島でパッションフルーツ栽培の説明を聞く。
2.住民らとの意見交換も行われた。

▶小笠原のパッションフルーツの宣伝メディアをデザイン提案した。

▲始まりはトマトのＰＲ名目だったものが、「ミニトマトとパッションフルーツについてのＰＲ」になった。コンセプトは「太陽の贈りもの」として、デザイン提案した。

POINT

小笠原諸島までフェリーで24時間。長い時間を過ごす船内でのアピールとお土産として高級感の演出がポイントでした

1.交流地点のイメージ。2.図書館内にカフェがある設計。3.図書館と公園が隣接している設計。

八王子

木と暮らす 多世代コミュニティ空間

提案者：シャミル
発表：2019年　UR都市機構へのプレゼンテーション

「館ケ丘団地の南側は集約事業区域として『多様な世代に対応した居住環境の整備とコミュニティ形成の推進』をテーマとした整備が予定されていますが、具体的なコンセプトや施設のデザインなどはまだ決まっていない状況でした。そこで木に囲まれた空間で、木のぬくもりに触れ、木の香りにより、リラックス効果や心身を豊かにする効果が得られる多世代コミュニティ空間の提案をしました。高尾山のスギやヒノキを使うことで地産地消にも役立ちます。交流ポイントや保育園、公園、図書館を設計対象として、交流しやすい空間づくりのレイアウトにしました。多くの木を使用してぬくもり、そしてガラスを取り入れることでモダンな印象をデザインしました」

POINT

きっかけは高尾山に近い立地を生かした地産地消の木材使用。天然木は人体に優しいほかに、環境面や心理面にも優れていた素材でもあるので、「木と暮らす」コンセプトに決まった

八王子

館ケ丘団地「学生向けシェアハウス計画」

提案者：片山浩己
発表：2019年　UR都市機構へのプレゼンテーション

「館ケ丘団地では空き家問題の解消を図るため、団地を管理するUR都市機構が若年層を呼び込むために内外装のリニューアル工事を行っています。しかし3DK48㎡の部屋はもともとファミリー向けの設計で、一人で住むには広すぎて、家賃も割高になります。そのため若年層のニーズに応えることができていません。そこで大阪の豊中市の新千里西町団地で行われた無印良品とのコラボ計画で実現した、建物を一棟まるごとシェアハウスにした取り組みに注目。大学生向けのハウスシェアリングの提案を行いました」

POINT

ファミリー向け仕様から学生向け仕様のシェアハウスへのリニューアル提案がポイント。住民と学生たちが交流するコミュニティ空間の設計も合わせて提案した

◀団地内に「コモンスペース」を設置して、大学生と団地の住民との交流の場をつくる提案をした。バリアフリー化を行い、高齢者や障害者も利用できるように工夫した。

ミャンマー

水の道、風の道、人の道
～ヤンゴン　サスティナブルなアジア型都市モデルを目指して～

提案者：佐藤大地
発表：2017年　Virtual Design World Cup 2017

▲交通渋滞や減災の観点から「水の道」「風の道」「人の道」の提案が行われた。

「2016年に民主化して高度成長真っただ中にあるミャンマーのヤンゴン。その急激な発展期を迎えている都市が抱える課題解決として、サスティナブル＝持続可能な社会のアジア型都市モデル計画を提案したものです。ヤンゴンでは、大渋滞などの交通問題、雨季の冠水問題など経済発展の妨げになる課題が山積しています。その一方で、ヤンゴンでは歴史的建造物や自然豊かな環境も残っています。今回の提案はそれらを融合させた計画です。①冠水対策と同時に都市景観の一部に組み込める『水の道』、②歩行者が涼しく快適に過ごせる『風の道』、③歩行者への配慮を重視した道路と、渋滞緩和と観光にも適した自動車以外の移動手段を提案する『人の道』の三つのテーマでした。冠水対策は雨季の大雨の際には既存の排水施設から雨水を受け入れ、ヤンゴン川へ流すことで道路冠水を防ぐ仕組みを考えました。さらに、ヤンゴンの特徴である『海陸風』を生かし、海と陸地の気温差で発生する風を利用して、道路空間の空気の循環を行い、涼しく快適な環境をつくることができる設計にしました。最後は安全対策と渋滞対策、観光推進の三つの用途をイメージして考案しました」

▲歴史と豊かな自然の融合をさせたヤンゴンの魅力を引き出すアジア型都市計画を目指した。

POINT

「都市モデル計画」を視覚的にイメージできるように、発表時に「Virtual　Realityソフトウエア」を使用したのがポイント。全体像をCG化して、詳細は模型で提案した

拓殖大学　川名明夫学長

「後藤新平」に学ぶ「これからのまちづくり」の姿勢

「これからのまちづくり」に求められるものは何か——。地域連携センター設置から1年。拓殖大学の川名明夫学長に、未来志向のコミュニティのあり方について、話を聞きました。

川名明夫さん
かわな・あきお

1946年東京都生まれ。東京大学大学院工学系研究科修士課程修了。NTT基礎研究所川名研究グループリーダーを経て1999年拓殖大学工学部教授。2015年より現職。

資質を持ったリーダー不在「まち」に寄り添う考え方

地方創生から4年半たちますが、改めて思うのは、それぞれの地域の抱える課題に対して「変革の意識」が浸透していないのが実感で、特にコトを進めるうえで指導的な役割を果たすリーダー的存在が不足している印象は否めません。

実際の現場で、「誰が何をどうやるのか」——まちづくりを進めるには、外部から単に何かを言うだけではダメで、いかに地域の住民たちが主体的にやる気を出し、事業の道筋をつけていくかということが一番重要だと思います。それには課題解決の仕事を、住んでいる人たちと常に一緒になって考え、共に行動する実践型リーダーの存在が不可欠でしょう。

拓殖大学第3代学長の後藤新平

国が上から目線で「こうやるのが地方創生だ」と言っても、それだけではうまく事業は進むはずがありません。地域に入って、その人たちが何を考え、何に困っているのか、そして地域の資源をどうやって生かせるのかをしっかりと考えないと、住民たちは動かないと思いますし、真の活性化にはつながらない。

その意味で、いまの地方創生やまちづくりの活動で、学ぶべき人物として、かつて台湾を統治した時代の民生長官だった後藤新平が行った手法は、一つの事例として参考になるのではないでしょうか。

後藤は本学の第3代学長ですが、あの当時の台湾での活動は地域の民意を生かしながら、それをどうやってうまくコントロールするかに注力したものでした。日本でやっていることを頭ごなしに進めたわけでは決してありません。台湾の地域の習慣を取り入れながら、寄り添い、その人たちの考え方を生かしながら政策を進めました。そうした行政官としての資質はやがて、関東大震災後の「帝都復興」構想のときの東京のまちづくりにも生きてきていると思います。

いまでも台湾を訪れると現地の人たちは、後藤が進めた行政のやり方に感謝しています。だからこそ東日本大震災のときもすぐに義援金を送るなど、それくらい深く想《おも》いを抱いています。

こうした姿勢はいまにも通じる話ではないでしょうか。地域の特性が生かされていない政策はうまくいかないし、地域活性化でいくら箱物施設だけこしらえても、それが本当のまちづくりに役立っているのか分からないケースも多いと思います。

相反する課題の解決を学ぶ 不確実な時代の最適解とは

本学は2018年4月、地域連携センターを設置しました。

その理由は、二つあります。

一つは、大学の建学の精神である「現場主義」を、地域や社会に出て学んでほしいということ。

もう一つは、これからの時代に身に付けておくべきこととして、「ジレンマに陥ったときにどう対処するのか」——社会の相反する問題に直面したときに、どうやって解決するのか——それを真剣に考える場として「地域」が重要であるという想いからです。

これまでは解決する道筋はすっきりしていました。効率よく生産性を上げて、ものをいっぱいつくる方向性に進めばいいという時代でした。

しかし、これからは先が見えない時代です。技術は加速度的に新しくなっていく一方で、人口減少や地域経済減退……そんな不確実な時代に、どう解答を見いだすの

大学の理念である「海外雄飛」をデザイン化した世界地図

かは、自分の頭で考えなければ分からない。それは教室の中だけではできないことです。

　現場に出て、住民の望んでいること、自治体が望んでいること、住民の中でも相反するものがいろいろあることを知る必要があるでしょう。学生にはそういったものを経験し試行しながら、学んでもらいたいのです。

「Ｓｏｃｉｅｔｙ５・０」と自律分散型社会の未来図

　そして、「地域連携」だけではなく、２０１５年に設置された産学連携センターでは、最先端の技術を活用した未来志向のまちづくりの取り組みも行っています。

　「八王子市×株式会社エイビット×拓殖大学、他三者」による産学官連携では、総務省から「ＩＯＴ・ＡＩを活用したリアルタイムハザードマップの作成と行動支援情報の提供モデル実証事業」を受託して、プロジェクトを実施しました（担当：工学部電子システム工学科・前山利幸教授）。センサーを付けた無線によるＡＩ技術を駆使した「地域の防災」のためのデータ分析で、豪雨による河川の氾濫予測など減災を目指したものです。降雨や日照データをＡＩ解析することで天候予測ができれば、人手不足の農業などの過疎地域には効果的になるでしょう。

　いま内閣府が提唱する最先端の技術を活用したあらゆるものがネットでつながる超スマート社会「Ｓｏｃｉｅｔｙ５・０」の未来予想図は、ある意味では地方創生の課題を解決する可能性を秘めているのかもしれません。経済発展と社会的な課題解決の両立には未知数の要素もあり予測不能な面がありますが、自律分散型社会といわれる、点在したコミュニティがネットワークでつながる世界は、最先端技術をうまく利用できれば機能していくようにもイメージできます。

「ＳＤＧｓ」と建学の精神 心のふれ合いを育むこと

　本学では「Ｓｏｃｉｅｔｙ５・０」につながるまちづくりとして、国連が採択した「ＳＤＧｓ（持続可能な開発目標）」の取り組みを、２０１９年４月から本格化させました。もともと２０００年に創設した国際開発学部（現国際学部）の原点は、ＳＤＧｓの前身となる途上国支援を目指した「ＭＤＧｓ（ミレニアム開発目標）」です。

　校歌の一節にある〈人種の色と地の境　我が立つ前に　差別なし〉は海外の開発を助けるという建学の精神。その活動とも連動する意義のあることだと考えています。

　国際大学ですから海外にも目を向けた地方創生の活動をさらに広げていきたいと思っています。

　ただ、どんなにデジタル技術が進展した社会になっても、ネットやＡＩ同士のやりとりだけに頼り切りになると何が起こるか分からない。人間一番大切なのは、顔と顔を会わせて話をする自律的な場、心のふれ合いを育むコミュニティづくりだということを忘れてはいけないと思います。

【監修者プロフィール】

拓殖大学国際学部国際学科教授
徳永達己
とくなが・たつみ
1961年神奈川県生まれ。
専門はインフラ開発、都市計画。アフリカなどの開発途上国で数多くの開発プロジェクトに参画。2015年より現職。近年は、途上国の経験を活かした地方創生および学生参加によるまちづくり活動の取り組みを研究・実践している。

拓殖大学工学部デザイン学科准教授
永見豊
ながみ・ゆたか
1967年千葉県生まれ。
千葉大学大学院工学研究科工業意匠学専攻修了。
建設コンサルタントとして橋梁の景観設計に携わる。
専門は景観デザインで、近年は地域活性化や交通安全対策にも取り組んでいる。

拓殖大学工学部デザイン学科准教授
工藤芳彰
くどう・よしあき
1971年大分県生まれ。
九州芸術工科大学（現九州大学芸術工学部）卒、拓殖大学工学研究科修士課程修了。博士（工学）。専門とするデザイン史の視点から、指導学生とコミュニティデザイン支援に取り組む。

資料・写真提供／編集協力
拓殖大学
徳永達己研究室
永見豊研究室
工藤芳彰研究室
新田目夏実研究室
デイビット・ブルーカ研究室

山梨県立大学
佐藤文昭
杉山歩研究室
兼清慎一研究室
FAAVOやまなし（https://faavo.jp/yamanashi）

山梨県南巨摩郡富士川町役場
富士川町観光物産協会
南アルプス市役所
長野県塩尻市役所
岩手県釜石市役所

編集構成／竹本朝之
AD／矢﨑進
デザイン／竹鶴仁惠　森尻夏実
校正／齊藤和彦
写真撮影／有田帆太
イラスト／あべまれこ

実践！「地域×大学生」が未来をひらく まちづくり学

～コミュニティを幸せにする、デザインの挑戦。～

2019年7月30日　初版第1刷発行

監修者　徳永達己　永見豊　工藤芳彰
発行人　加藤玄一
発行所　株式会社 大空出版
〒101-0051　東京都千代田区神田神保町3-10-2 共立ビル8F
TEL 03・3221・0977
Web http://www.ozorabunko.jp
印刷・製本　シナノ印刷株式会社

乱丁・落丁本の場合は小社までご送付ください。送料小社負担でお取り替えいたします。

ISBN978-4-903175-89-8　C0036